中国粮政史

闻亦博 著

中国出版集团
東方出版中心

图书在版编目（CIP）数据

中国粮政史 / 闻亦博著. —上海：东方出版中心，2020.12
ISBN 978-7-5473-1700-6

Ⅰ. ①中… Ⅱ. ①闻… Ⅲ. ①粮食政策－历史－中国 Ⅳ. ①F329

中国版本图书馆CIP数据核字（2020）第193423号

中国粮政史

著　　者　闻亦博
丛书策划　张爱民
责任编辑　黄　驰　陈嘉梦
封面设计　钟　颖

出版发行　东方出版中心
地　　址　上海市仙霞路345号
邮政编码　200336
电　　话　021- 62417400
印 刷 者　山东韵杰文化科技有限公司

开　　本　890mm×1240mm　1/32
印　　张　6.25
字　　数　109千字
版　　次　2020年12月第1版
印　　次　2020年12月第1次印刷
定　　价　58.00元

凡　例

一　“中国社会经济史文库”收录民国时期出版的中国社会经济史方面的著作，这些著作为知名学人所著，并有开宗立论地位，惠及当今学术和大众。

二　入选著作内容、编次保持原貌，编辑底本以民国时期初版原刊或此后影印本为主，若有作者修订本则以修订本为准，另参校他本，以正讹误。

三　原书多为竖排繁体，本文库均改作横排简体，以便读者阅读。目录与正文不统一等明显排印舛误，则予径改。原书中无标点或仅有简单断句者，一律改为新式标点。

四　各时代均有其语言习惯，本文库遵照原本，不按现行用法、写法及表现手法改动原文；原书中凡人名、地名、术语、译名与今不统一者，也不作改动；作者引文时有省略或更改，倘不失原意，也不以原文改动引文。但如确系作者笔误、数据计算错误、外文拼写错误、标点错误等，则予径改。其他情况，则以“编者注”的形式作脚注，进行说明。

五　因年代久远导致字迹模糊以及纸页残缺等，所缺字用“□”表示；字数难以确定者，则用“（下缺）”表示。

编 者 小 言

我国以农立国，五千余年以来，国民经济之建树，完全以农业为基础。凡国用所资，私人所需者，皆取给于农。农村社会之安定，系于农民经济之荣枯；农民经济之荣枯，又系于国家农业政策之得失。而农业政策之关系日常生活最密者，则为粮食问题。

禹平洪水，民得安居，乃首揭德惟善政，政在养民之旨。修六府（火水金木土谷）和三事（正德利用厚生）以建立民生之纲要。箕子之农用八政：曰食、曰货、曰祀、曰司空、曰司徒、曰司寇、曰宾、曰师，而以食为先。《礼记·王制》，以五谷皆入而制国用。孔孟治国安民之道，以足食为基础。国父手订之《建国大纲》，亦以足民食为首要。中华民国训政时期约法与抗战建国纲领，皆以发达农村经济、调节粮食为重要工作目标。由此足征国家之治乱安危，影响于粮食政策者至巨。

故历代施政方针，皆侧重于讲求粮政之合理。如田制之改革，赋税之整顿，民食之调节，灾荒之救济，粮食之节约，莫不以安定国民生计为前提。虽吏缘为奸，法因人坏，困民扰民之举，在所难免，而其立法之精神，制度之沿革，不可不考，以供粮政上实施之准则。

闻亦博于重庆三十一年八月

目　次

第一章　战国以前之粮政

田制之沿革　历代粮政之实施，与田制改革之关系最切。土地制度之演进，由原始共产而私有霸占，而兼并争夺，而复收为公有，殆为必然之趋势。故探讨粮政之得失，应先考其田制之沿革，明时代之背景也。

田制之始，虞夏以前，文献无征。学者多托创于井田。先秦诸书，唯孟子言及夏后氏五十而贡，殷人七十而助，周人百亩而彻，其实皆什一之说。简而不详其制，不可以考。其他各家之说，互有出入。如受田之法，《韩诗外传》谓家得百亩；《食货志》谓一夫受私田百亩。井之组织，《韩诗外传》谓八家为邻；《周礼》谓九夫为井；《食货志》谓八家共井。余夫之制，《韩诗外传》谓余夫二十五亩；《周礼》谓余夫百亩；而《食货志》则谓农户人已受田，其家众男为余夫，亦以口受田如比。是受田之法，井之组织，及余夫之制，皆不尽同。故考井田制度下之粮政设施，尤不可得。然其基本原则，不外使人人得以安居乐业，完成极合理之社会组织，而臻于大同康乐之境。所谓八家之人，同风俗，齐巧拙，通财货，存亡更守，嫁娶相谋，无有相贷，疾病相救，亲性情而均生产者，殆为安定农村社会之要政也。

考我国土地制度之演进，殷以前为氏族社会。聚居于同一部落者，大都为同一氏族。汉兴西方，迁至黄河流域，始事耕种。各在其部落范围以内，从事农作，所谓土地村有制是也。其后部落发达，强者始行兼并，氏族中之能力雄厚者，因土地扩张而跃居于领导地位，土地分配之制，萌芽于是矣。

周兴，一统天下，并有大部土地。其受田之法，史乘可考者，有宅田、士田、贾田、官田、牛田、赏田、牧田、公邑之田、家邑之田、小都之田、大都之田等类别。以宅田受于致仕者之家；士田受于士读者，亦即圭田；贾田受于市贾人之家；官田受于庶人在官者之家；牛田牧田受于牧人之家；赏田受于卿大夫之有功者；公邑之田为王室直属之地；家邑之田为大夫采邑；小都之田为卿之采邑；大都之田为公之采邑；更以廛里任国中之地；场圃任园地，宅田、士田、贾田任近郊之地，官田、牛田、牧田、赏田任远郊之地，公邑之田任甸地，家邑之田任稍地，小都之田任县地，大都之田任疆地。是周制不仅受田有规定之对象，而田地位置之远近，亦有定制也。

春秋之世，人口增加，土地不敷分配，影响受田之法。诸侯各自为政，表面上属于王室，而实际已成尾大不掉之势。东周以后，王室渐衰，更形成诸侯与王室对等及诸侯互相兼并之局。富国强兵之说，盛于一时。故商鞅之变法，遂实现于此严重之时代。

井田之废，古之学者罪商鞅，然时势所趋，不得不从事于财政上开源之改革，以适合环境之要求，自不能见罪于商君一人已也。

《秦本记》载孝公十二年“为田开阡陌”,《食货志》载“秦孝公用商君,坏井田,开阡陌,急耕战之赏”。古今学者关于“开阡陌”之说,各有见解不同之处。或谓为始置阡陌;或谓为阡陌乃三代之旧,而秦决之以为井田。考其开阡陌之目的,为急耕战之赏,是为时代之要求也甚明。三通考云:“井田受之于公,毋得鬻卖。故《王制》曰田里不鬻。秦开阡陌,遂得买卖。又战得甲首者,益田宅,五甲首而隶役五家。兼并之患自此始。”古代井田之制,虽不可详考,然受田于公,则为各家所公认。自秦以后,改制为受田不计口,亦不必归还,贻后世地主阶级得以兼并之患。故秦之田亩,除分配于武士(丞尉能得甲首一者,益田一顷益宅九亩)、官吏(明尊卑爵秩等级,各以差次名田宅),及三晋之民(以草茅之地徕三晋之民,利其田宅而复之三世)以外,富豪之家,可以自由购买矣。

贡助彻之释义 井田制度之取于民者,夏为贡,殷为助,周为彻,其实皆什一之数,而方式各有不同耳。税其田谓之贡;不税其田,而藉其力以耕谓之助,亦谓之藉,即所谓藉而不税也。《孟子·滕文公》篇,谓彻者彻也;助者藉也。贡法之制,孟子未尝诂释。龙子曰:“贡者校数岁之中以为常。”由意义上之推测,是为平均数年间之收入,确定每年收获之标准而定税率。赦敬说解谓下供上曰贡,五十亩贡五亩之税也。后汉赵岐《孟子注》,亦谓民耕五十亩贡五亩,耕七十亩以七亩助公家,耕百亩者彻取十亩以为赋。然贡法从龙子之说,则灾凶之岁,不能调节税额,是为不合理之粮政耳。

关于助法,《滕文公》篇曾论及公田之制,为将每方百里之地,等分为九方,每方百亩,中为公田,余则分受八夫,各私百亩,同养公田,不另纳税,盖此补救贡法不能调节税额之缺点欤。孟子谓助藉也。赵岐注"藉者借也",为借民力以耕公田之义。顾炎武《唐韵正》卷谓藉之古音同助,故音义皆通。惟实行助法之唯一必具条件,则为同井八夫,除努力耕耘私田以外,必须共同致力于公田,此实为养成通力合作精神之表现,较贡法为进步矣。

彻之义最含混,各家之解释,多有牵强附会之处。万斯大之《周官辨非》,谓周之彻,井九百亩,分之九夫,岁取其所获什一。又《学春秋随笔》谓按司马法亩百为夫,夫三为屋,屋三为井。小司徒戴九夫为井。是周人井九百亩,分之九夫,每夫百亩中,以十亩为公田,君取其入而不收其余亩之税,是公田十亩分配于各户百亩之中,此说不甚合理。姚文田《求是斋自订稿》,谓彻为彻取之义,以公田分受八家,至敛时则巡野观稼,合百十亩通计之,而取其什一,故彻法有异于助也。而金锷之《周彻法名义解》,谓助彻皆从八家同井起义:借其力以耕公田,谓之助;通八家之力以共治公田,谓之彻。孟子谓八家同养,即为通同共治之义。钟怀之《葭厓考古录》,谓虽周亦助,可知助彻乃通名。此两说皆颇牵强。孟子曰"彻者彻也,助者藉也",是助彻之法显有别;又曰"惟助为有公田",是彻无公田甚明,而专以公田属诸助也。崔述《三代经界通考》,谓彻者乃民共耕沟间之田,待粟既熟,以一奉君而分其九者也。通其田而耕,通其粟而折,谓之彻。此说虽与字义相近,然就民族进化,及土地制度之演进过程阶段而言,亦有未尽合之处。夏之贡,是按亩征税制;殷之助,藉而不税之制;周之彻,共同通力合作而分粟之制也。大抵土地之制,初为原始共产,继则强者占为己有,而奴役弱者使其耕耘。民族之进化过程亦然。先有共同生活之基础与组织,然后发生自私自利之行为,而逐渐分裂。彻法之行,极类似原始共产制度。岂夏商周之税法,由按亩征税,而藉而不税,而更退为原始之社会情形乎？虽然,此皆不足辩也。孟子曰其实皆什一,是三代之粮政,不论其为人民献纳定额之田赋于上,不论其为献力以耕于公田,更不论其为通力合作而征取其赋,虽方式之不同,而什一之量未变也。

粮食问题之严重 封建制度既完成于周,诸侯之间,互争霸业。各以富国强兵为急务,而井田之制,不得不随时代之转变而崩溃。春秋战国之世,争城夺地之战,无日或宁。考其原因,皆粮食缺乏有以致之。《左传》所载乞粮分田及夺取禾麦之事甚多,足征当时粮食问题之严重。如鲁隐公六年:“京师来告饥,公为之请籴于宋、卫、齐、郑。”《春秋》许为有理。庄公二十八年:“大无麦禾,臧孙辰告籴于齐。”僖公十三年:“晋荐饥,使乞籴于秦,秦伯问百里奚:‘与诸乎?’对曰:‘天灾流行,国家代有,救灾恤邻,道也。’秦于是输粟于晋。”翌年,秦饥使乞籴于晋,晋人弗与。明年晋又饥,秦伯仍饩之以粟,曰:“吾怨其君而矜其民。”齐桓公葵邱之会,以毋遏籴为盟约。是粮食问题引起当时各国之注意也。至分田取禾之举,亦因粮食缺乏之故。僖公三十一年:“取济西田,分曹地也。”成公二年:“晋师及齐国佐盟于爰娄,使齐归汶阳之田。”四年:“郑公孙申帅师疆许田。”襄公五年[1]:“莒人伐东鄙,

[1] 疑误,应为襄公八年。——编者注

以疆鄐田。”六年:“齐侯灭莱,高厚、崔杼定其田。”哀公二年:“季孙斯帅师伐邾,取漷东及沂西田。”此类事实甚多,不胜枚举。大都为夺其田以耕,藉以解决粮食恐慌耳。更有掠取禾麦之举,其目的更为明显。隐公三年:“郑祭足帅师取温之麦,秋又取成周之禾。”四年:“诸侯之师败郑徒兵,取其禾而还。”凡此乞籴分田取禾之举,皆足以证当时粮食问题之严重。

粮政之实施与民生 商鞅变法以后,井田制下之粮政亦随之崩溃。由民生安定之过程,渐趋于混乱之局。七雄之争,各图霸业,皆从改善粮政图岁入之增加,以达整军经武从事挞伐之目的。如鲁制为税亩赋田。哀公十一年,季孙以田赋,使冉有访诸仲尼,仲尼曰“丘不识也”。三发,卒曰:“子为国老,待子而行,若之何不言?”仲尼不对,而私于冉有曰:

> 君子之行也,度于礼。施取其厚,事举其中,敛从其薄。如是则以丘亦足矣。若不度于礼而贪冒无厌,则虽以田赋,将又不足。且子季孙若欲行而法,则周公之典在;若欲苟而行,又何访焉。

十二年,用田赋。是鲁之取于民,较彻法犹苛,孔子认为不度于礼者也。齐之制则为相地而衰征。《国语》桓公问管仲曰:“伍鄙若何?”对曰:

> 相地而衰征则民不移,政不旅旧则民不偷,山泽各致其

时则民不苟，陆阜陵墐井田畴均则民不憾。无夺民时，则百姓富。牺牲不略，则牛羊遂。

是齐视土田美恶及生产之别，以差征赋之轻重也。楚制则为画土田，井衍沃，量入修赋。郑则田有封洫，庐井有伍；又作丘赋以明其征。征之以上各制，齐、鲁、楚、郑各有出入。虽季孙之田赋，子产之丘赋，无从考其详制，要皆创立新法以图收入之增加耳。

关于民生之状况，周以前极为安定。无暴敛之征，无繇役之烦，仅以其收获之物，自动呈献于当局，毫无强迫之意。周统天下以后，大封功臣子弟，不仅兼并分割殷之土地，凡殷之遗民，亦被逼分处于各地。《尚书 · 多士》篇，谓迁殷顽民于雒邑；《左传》载分殷民六族于鲁，七族于卫；桓公之受封于郑，犹有殷民同往。是氏族之制亦破坏无遗矣。前节所述公卿采邑之制，为春秋时之特殊封建势力，邑中人民，悉受诸侯之支配，在其领土以内之权利，亦皆为诸侯所享受，所谓庶人者（即指一般农民）则力农以事其上，度其“无衣无褐不能卒岁”之生活。故当时之社会，已形成贵族与庶人两大阶级，因其粮政之不合理，而庶人之生活日益痛苦，地位日益低落矣。楚、秦之兴，乃脱离封建势力而树立自由国家之表示。斯时之贵族，或因获罪而灭族，或因竞争失败而废为庶人，故曩之无衣无褐不能卒岁者，得以稍舒喘息。而诸侯之间，一面改善粮政，图岁入之增加，一面以解放农奴相号召，竞作劳徕宣传，以招致开垦。令原占有土地者，仍得继续使用，改行租田制，使农奴渐次变为自由佃户；或有改为收税之制，使占有者渐次变为自耕农。此项政策，虽较藉法彻法为优，得目前之解放，然兼并之患未除，而农民之实际生活，未尝彻底改善也。

魏相李悝论当时农民之痛苦曰：

> 今一夫挟五口，治田百亩，岁收亩一石半，为粟百五十石。除什一之税十五石，余百三十五石。食，人月一石半，五人终岁为粟九十石。余有四十五石，石三十，为钱千三百五十。除社闾尝新、春秋之祠，用钱三百，余千五十。衣，人率用钱三百，五人终岁用钱千五百，不足四百五十。不幸疾病死葬之费，及上赋敛，又未与此。此农夫之所常困，有不劝耕之心，而令粜至于甚贵者也。

鲁哀公时，征什二之税，犹感不足。故问有若曰："年饥用不足，如之何？"有若曰："盍彻乎！"曰："二，吾犹不足，如之何其彻也。"对曰："百姓足，君孰与不足？百姓不足，君孰与足？"齐景公竟征至三之二。《左传》昭公三年，晏子曰："民叁其力，二役于公，而衣食其一，公聚朽蠹，而三老冻馁。"孟子曰："有布缕之征，粟米之征，力役之征。君子用其一，缓其二；用其二，而民有殍；用其三而父子离。"是当时赋税之苛，征调之烦，仍未尝达到解放农民之目的。

粮政之重要理论　战国兵争日烈，民生涂炭，当时学者咸主仁义爱民之说，以实现合理之粮政为爱民之基本措施。孟子所谓

“不违农时，谷不可胜食”，“百亩之田，勿夺其时，数口之家，可以无饥”，及“黎民不饥不寒，然而不王者，未之有也”，此皆为爱民之通政。至其主张民有恒产之说，则进一步而永久安定民生，与国父创“耕者有其田”之理论，在原则上适相符合。故孟子曰：“是故明君制民之产，必使仰足以事父母，俯足以畜妻子，乐岁终身饱，凶年免于死亡，然后驱而之善，民之从之也轻。”是孟子之仁政重在安定民生也。

管仲在粮政上贡献极大，齐霸诸侯，实因粮政措施得宜之成功。凡敛散之道，调节之法，调查之制，均颇周详。其统制之效果，不仅限于齐国境内之粮食受其管理与支配，而其他各国之粮食亦间接受其统制之影响。此实为我国统制粮食之开端，由消极之安定民生，进而达于积极之富国宗旨矣。管子曰：

> 岁适美，则市粜，无予，而狗彘食人食。岁适凶，则市籴，釜十镪，而道有饿民。然则岂壤力固不足而食固不赡也哉。夫往岁之粜贱，狗彘食人食，故来岁之民不足也。物适贱则半力而无予，民事不偿其本；物适贵，则什倍而不可得，民失其用。

盖农夫一岁所入之多寡，恒视岁收之丰歉。丰岁农夫欲粜售其多量之谷，商人则乘机贬价，农夫所得，不能偿其劳力之半，乃至狗彘食人食，固不啻粒米狼籍已也。农夫经此创痛，于年来之农作稍失勤劳，抑或天时不美，即为凶岁。一釜之粮，虽值十镪，而道

犹有饿民,此皆政府失于治理。谷贱伤农,谷贵伤民,而坐收巨利者,则为兼并之豪贾。故管子论调节之法曰:

> 夫民有余,则轻之,故人君敛之以轻。民不足,则重之,故人君散之以重。敛积之以轻,散行之以重,君必有什倍之利,而财之横可得而平也。

农民经过荒歉之后,往往经济破产,若政府不予救济,则影响粮政甚大,管子乃有借本之议曰:

> 春以奉耕,夏以奉耘,耒耜械器,种馕粮食毕取于君,故大贾蓄家不得豪夺其民矣。然则何?君养其本,谨也。春赋以敛缯帛,夏贷以收秋实,是故民无废事而国无失利也。

又以谷币两种为互相调节物价,使归于平准之用,故曰:

> 五谷者,百物之主。谷贵则万物必贱,谷贱则万物必贵,两者为敌,则俱不平,故人君御谷物之秩相胜,而操事于其不平之间。

调查统计工作,亦为实施粮政之必要步骤,故管子又曰:

> 国之广狭,壤之肥饶有数;终岁食余有数。彼守国者,守

谷而已矣。某县之壤广若干,某县之壤狭若干,则必积委币,于是县州里受公钱。泰秋,国谷去叁之一,君下命谓郡县属大夫里邑,皆籍粟若干,谷重一也。以藏于上者,国谷三分,则二分在上矣。泰春,国谷倍重,数也。泰夏,赋谷以市櫎。民皆受上谷,以治田土。泰秋,田谷之存予者若干,今上敛谷以币,民曰无币以谷,则民之三有归于上矣。

其调节两地丰歉之谷价,则曰:

今齐西之粟,釜百泉,则钷二十也。齐东之粟,釜十泉,则钷二钱也,请以令籍人三十泉,得以五谷粟菽决其籍。若此,则齐西出三斗而决其籍,齐东出三釜而决其籍,然则釜十之粟,皆实于仓廪。西之民饥者得食,寒者得衣,无本者予之陈,无种者予之新。若此,则东西相被,远近之准平矣。

其重粟价,使农得其本之理论,则曰:

粟重黄金轻,黄金重而粟轻,两者不衡立。故善者重粟之价。釜四百,则钟四千也。十钟四万也。二十钟者八万。金价四千,则是十金四万,二十金者八万。

乃使农民粜粟得本,不致有所入不能偿其劳力之现状,即所谓免谷贱伤农者也。

管子之粮政，不仅以齐国一国为对象，其最重要之称霸原因，为高价徕邻国之谷，使邻国有粮食恐慌之虞，发生社会不安之况。故曰：

彼诸侯之谷十，使吾国谷二十，则诸侯谷归吾国矣。彼诸侯谷二十，使吾国谷十，则吾国谷归诸侯矣。善为天下者，谨守重流，而天下不吾泄也。彼重之相归，如水之就下。吾国岁非凶也，以币藏之，故国谷倍重，诸侯之谷至也。是藏一分以致诸侯之一分，利不夺于天下，大夫不得以富侈，此轻重御天下之道也。

又曰：

滕、鲁之粟釜百，则使吾国之粟釜千，滕、鲁之粟四流而归我，若下深谷者，非凶岁而民饿也。辟之以号令，引之以徐疾施平，其归我如流水。

齐桓公恐谷虽贱而国无收买之力，则势必外泄而归于诸侯，因问于管子曰："粜贱，寡人恐五谷之归于诸侯，欲为百姓万民藏之，有道乎？"管子曰："今者夷吾过市，有新成囷京者二家，君请式璧而聘之。"桓公允诺，行令半载，万民闻之，舍其作业而为囷京，以藏粟菽五谷者过半。桓公问其故，管子曰："成囷京者二家，君式璧而聘之，名显国中，国中莫不闻。是民上则无功显名于百姓也，功立而民成；下则实其囷京，上以给上为君，一举而名实俱在也，民何为也。”此不仅足以供战时紧急之需要，天下无兵，则以赐贫甿，启后世常平之法。

第二章　汉代粮政

暴秦之政　井田制度崩溃以后，兼并日甚，富者田连阡陌，而贫者无立锥之地。秦以暴力统天下，鉴于旧制已坏，新制未立，遂使黔首自实田，极类似土地陈报之法，舍地而税人。《通典》曰："夏之贡，殷之助，周之彻，皆什取一，盖因地而税。秦则不然，舍地而税人，故地数未盈，其税必备。是以贫者避赋役而逃逸，富者务兼并而自若。"《通考》曰："秦坏井田之后，任民所耕，不限多少，已无所稽考，以为赋敛之厚薄。其后遂舍地而税人，则其谬益甚矣。"

秦之取于民也，其制虽不可详考，然《通典》所云内兴工作，外攘夷狄，收大半之赋，发闾左之戍，竭天下之资，以奉其政，犹未以赡其欲。董仲舒谓秦之一岁力役，三十倍于古，田租口赋盐铁之利，二十倍于古，是暴敛之事实已明。其耕豪民之田者，见什税五，粮政之苛，由此可见。故贾山述其事曰："赋役重数，百姓任罪，赭衣满道，群盗满山。"《汉书》伍被记农民之生活曰："当是之时，男子疾耕，不足于粮馈；女子纺绩，不足于盖形。"秦之虐民如此，虽以暴力造成统一之局，故终不能久，仅及四十年而为汉所代。

汉之薄税制度 汉高祖起自布衣，首以减轻人民负担及改善人民生活为号召。《食货志》曰：

> 汉兴，接秦之敝，诸侯并起，民失作业，而大饥馑。凡米石五千，人相食，死者过半。高祖于是约法省禁，轻田租，十五而税一。量吏禄，度官用，以赋于民。

秦亡以后，社会秩序，一时不能恢复，支出浩大，亦一时不能紧缩。高祖虽倡十五税一之说，乃为收拾人心之策，而实际上颇不易应付，故行未久而复废。惠帝立，又行十五税一。文帝十二年，诏赐天下民租之半。十三年除民之田租，至景帝二年，始令民出田租三十而税一。终汉之世，以三十税一为定制，历代田赋之薄，未有过于此者。考史载蠲免田赋之举，历代皆有，其原因或为水旱，或为蝗虫，或为兵祸，其范围或为数县，或为数州，未有不因灾祸而遍及全国者。且蠲免年限，最多亦不过连蠲三年，未有达十余年之久者。而汉犹能在薄税制度之下，维持其庞大之经常支出者，盖舍田赋而外，尚有其他苛征，徒守薄税之美名耳。

《食货志》载汉代财政之开源为："卖爵更币之外，算及车船六畜，凡可以佐用者，一孔不遗。"故薄税之结果，诚如《通考》所云："君能薄赋，亦能薄于所及，而不能薄于赋之所不及。"王莽论之曰：

> 汉氏减轻田租，三十而税一。常有更赋，疲癃咸出。而豪民侵凌，分田劫假。厥名三十税一，实什税五也。父子夫妇，终年耕耘，所得不足以自存。故富者犬马余菽粟，骄而为邪，贫者不厌糟糠，穷而为奸。

荀悦论之曰：

> 古者什一而税，以为天下之中正也。今汉民或百一而税，可谓鲜矣。然豪强富人，占田逾限，官收百一之赋，民输太半之税。官家之惠，优于三代；豪强之暴，酷于亡秦。是上惠不通，威福分于豪强也。今不治其本，而务除租税，适足以资豪强也。

由是足征薄税之惠及于地主而未及贫民。□重农抑商之策，亦为舍本逐末之举，在表面上虽以重税困商贾，而商贾仍以税额□诸出售之物品，故重税之困，商贾毫无影响，而一般消耗之平民，间接受物价高昂之困，增加负担矣。

《汉书》载萧望之云："昔先帝征四夷，用兵三十余年，百姓犹不加赋而军用足。"其实此乃饰词耳。班固论武帝曰："师旅之费，不可胜计。至于用度不足，乃榷酒酤，筦盐铁，铸白金，造皮币，算至舟船，租及六畜。民力屈，财用竭，因之凶年，寇盗并起。"可知汉代于加赋之限制中，因财政竭蹶而行苛暴之敛，殊非合理之政策也。

王田制度之成败 兼并之风，汉亦未加抑制，而土地私有制度之基础，日益巩固。地主阶级之势力，渐形扩张，贫富悬殊特甚，社会达于极度之不安。故有识之士，如董仲舒、师丹辈，皆先后建议行限田之法，以杜兼并之患。虽因社会之阻力而不果实行，然风尚所趋，卒有王莽对于田制上重大之改革实现。汉制有食邑，为拥有封建势力之封君所享用；有官田，为皇室所享用；有公田，为国家之模范农田及水利田；有赐田，为特别赏赐于功臣者；有垦田，为国家雇民夫开垦之地；有屯田，为军兵屯戍因而耕种者；有名田，亦曰民田，即民间得以自由买卖者。董仲舒鉴于当时社会环境之不安，上书曰：

秦用商鞅之法，改帝王之制，除井田，民得买卖。富者田连阡陌，贫者曾无立锥之地。……今邑有人君之尊，里有公侯之富。……古井田法，虽卒难行，宜稍近古，限名田以赡不足，塞兼并之路。

师丹曰：

古者圣王，莫不设井田，然后治乃平。……今累世承平，豪富吏民，皆数巨万，而贫弱愈困。君子为政，贵因循而重改作，所以有改者，将以救急也。亦未可详，宜略为限。

两氏之议，皆未付诸实施，及王莽夺汉，鉴于过去兼并之弊，影响民生甚切，遂于即位之初，诏曰：

> 古者设井田，则国给人富而颂声作。秦为无道，坏圣制，废井田，是以兼并起，贪鄙生。强者规田以千数，弱者曾无立锥之居。……今更名天下田曰王田，奴婢曰私属，皆不得买卖。其男口不过八，而田满一井者，分余田与九族乡党。

就王田制度之立法精神而论，实为改善粮政之上策，然吏缘为奸，操之过切，故其推行之结果，既不为豪强之地主阶级所同情，又不为贫苦之农民所拥护，致农商失业，食货俱废，仅行三年而罢。然王田制度，虽因实施之步骤与策略不善而失败，但由私有土地急转而收为国有，不能不认为土地制度演进之重要阶段。

粮政之重要措施 汉既以薄税为主要之民食政策，故重农抑商之说，极盛一时。文帝以降，躬耕之举，史籍迭有记载。如文帝二年诏曰："夫农，天下之本也。其开籍田，朕亲率耕，以给宗庙粢盛。"十三年诏曰："朕亲率天下农耕，以供粢盛，皇后亲桑以奉祭服。"景帝二年"亲籍田"；武帝征和四年，耕于钜定；昭帝始元元年，耕于钩盾弄田；六年耕于上林。至于抑商之策，有限制商人不得衣彩乘车，及其子弟不得任官吏之法，更困以重税，使商贾不得为兼并之家，但其结果，困商之目的未达，而反重困农民，殊非重农抑商之初衷也。

自文帝十三年起，全部免田租者达十又三年，虽此十三年中，不乏旱潦之灾，而民食犹足以维持不感缺乏者，其重要之策，乃为创入粟拜爵之例，开籍粮政以充国用之新兴途径。晁错言于文帝曰：

欲民务农，在于贵粟。贵粟之道，在于使民以赏罚。今募天下入粟县官，得以拜爵，得以除罪。如此富人有爵，农民有钱，粟有所渫。夫能入粟受爵者，皆有余者也。取其有余以供上用，则贫民之赋可损。所谓损有余而补不足，令出而利民者也。顺于民心，所补者三：一曰主用足，二曰民赋少，三曰劝农功。

于是令民入粟于边，六百石，爵上造。稍增至四千石，为五大夫。万二千石为大庶长。各以多少级数有差。错复奏谓入边之粟，已足支塞卒五年之食，则令入粟群县，入县之粟足支一岁以上为时赦，勿收农民租。是文帝之世，虽免田租而仍足用足食者，非仅如史记所云上下节约有以致之也。

储积之政，亦为粮食调节之重要设施。春秋战国时，即为各国所竞采，如魏文侯有御廪，春申君造吴二仓，秦始皇置长太平仓。苏秦谓齐粟如山丘，楚燕之粟皆足支十年。是储粮之多寡有关国力，苏秦用以别强弱也。汉高祖即位后，关中大饥，米斗值万金，人率相食，京中储粮无以为济，乃令民就食蜀汉。武帝四年，山东大水，民多饥乏，虚郡国仓以赈，犹不足，乃募富豪家之粟，相假以贷，仍不能救。乃创常平之制，以备不虞。

常平之法，即本管仲李悝敛散之旨。前述管仲粮仓理论之根据，大半着重于富国强兵，而李悝则专重济民。其言曰：

是故善平籴者，必谨观岁有上中下熟，上熟其收自四余四百石，中熟自三余三百石，下熟自倍余百石。小饥则收百石，中饥七十石，大饥三十石。故大熟则上籴三而舍一，中熟则籴二，下熟则籴一，使人适足平价则止。小饥则发小熟之所敛，中饥则发中熟之所敛，大饥则发大熟之所敛而粜之，虽过饥馑水旱，粜不贵而人不散，取有余以补不足也。

五凤中，岁数丰穰，谷至石五钱，农人少利。大司农中丞耿寿昌奏以故事，岁漕关东谷四百万斛以给京师，用卒六万人。宜籴三辅、弘农、河东、上党、太原郡谷，足供京师，可以省关东漕卒过半。又令边郡皆筑仓，以谷贱时增其价而籴，谷贵时减价而粜，名曰常平仓。

漕运之制度　古者天子中千里而都，其输将徭役远者不出五百里；公侯中百里而都，远者不出五十里；故三代以前，漕运之法不备。《禹贡》所载入于渭乱于河者，不过示去朝庭之路耳。春秋战国，诸侯交相侵伐，其最感困难者，则为粮秣运输不能与军事配合。故管子曰："粟行三百里，则无一年之积；粟行四百里，则无二年之积；粟行五百里，则众有饥色。"秦始皇之世，远事匈奴，使天下飞刍挽粟，起于黄陲琅玡负海之郡，转输北河，率三十钟而致一石。盖计其道路所费，以六斛四斗为钟，凡用百九十二斗乃得一石，极不合于经济原则。汉都关中，漕运山东之粟，经过九百余里之渭水，阅时六月，以给中都官，初仅数十万石。及孝武时，通西南夷，灭朝鲜，击匈奴，作者数十万人，皆数千里负担馈粮，需十余钟而致一石。当时之交通工具缺乏，而军粮与民食之需要又万分迫切，除改善漕运以外，沿途置仓，实为节省人力之必要措施。明帝修汴渠堤，自荥阳东至千乘海口千余里，可引江湖之舟以达于冀境，漕运极便。史载诸葛亮作木牛流马为运输工具，亦为改善当时困难之设备，虽器械之构造不传，而运输之收效实极大。

均输平准与常平之比较 武帝时国用不足，桑弘羊行均输平准之法，令远方各以其物，如异时商贾所将贩者为赋，而相灌输。置平准于京师，都受天下委输。召工官治车，诸器皆仰给大农。大农诸官，尽笼天下之货物，贵则卖之，贱则买之。如此，富商大贾亡所牟大利，则反本，而万物不得腾跃，故仰给天下之物，名曰平准。其具体之辨法，即为令农民以其地所产为前商贾所转贩者纳赋，质言之，农民之缴纳于政府者，不必拘定以谷米，视其地之产而各有别。商贾所转贩者，恒择其价格低廉之物，纵加运输费用及捐税，必能销售于其他地带，是选其特产与生产丰富供给有余者而转贩之。今令人民用以为赋，则与民不伤，转可收调节盈虚平准物价之效。因各地特产及需要皆有不同，故为统筹支配起见，置平准于京师，受天下赋物之委输，使大农诸官司其事，择于价贵之地卖之，价贱之处买之，所有交易，政府与生产及消费者皆直接处理，不经过交易中介之商贾，而权利操诸政府矣。故武帝时北至朔方，东封泰山，巡海上，旁北边以归，所过赏赐，用帛百余万匹，钱金以巨万计，皆取足大农。在粮食方面，则有山东之漕，岁六百万石，太仓甘泉仓满，边余谷，民不益赋，而天下用饶，是均输平准之法已收效于国力匮乏之时也。平准既有利于国家，然反对者终有所藉口。昭帝时霍光辅政，令郡国举贤良文学之士，使丞相御史与民间疾苦，其涉及平准者曰：

> 夫古之赋税于人也，因其所工，不求其拙。农人纳其获，工女效其织。今释其所有，责其所无，百姓贱卖货物，以便上求。间者郡国或令作布絮，吏恣留难，与之为市。吏之所入，非独济陶之缣、蜀汉之布也，亦人间之所为尔。行奸卖平，农人重苦，女工再税，未见输之均也。县官猥发，阖门擅市，则万物并收，并收则物价腾跃，腾跃则商贾牟利，自市则官吏容奸豪，而富商积货储物以待其急，轻贾奸吏收贱以取贵，未见准之平也。

凡此弊端，皆为执事者之不善，而非平准原则之不合理，弘羊虽始终维护其实行平准之初衷，多方予以严正之指示，但仍不敌反对者之力量，因获罪致死，而平准之法废矣。其失败之另一潜伏原因，则为商贾之坚决反对。盖自秦汉以降，当局虽以抑商为策，但商贾之力量潜伏于政治之中，史家未明言之，而推翻平准之制，商贾实有极大之力量。

常平之法，前略及之，惟耿氏重在实边与维持关中民食，初无调节全部民食之意也。元帝即位，天下大水，关东郡十一尤甚。翌年，齐地饥，谷贵，民多饿死，琅玡群人相食，在位儒者，皆言罢常平仓，距设立不过十年，嗣后不复置仓。王莽时谷价翔贵，教民煮木为酪以充食，流民入关数十万人，饿死者什七八。后汉明帝承光武创业之后，天下安宁，民无横徭，岁比登稔。永平五年作常满仓，立粟市于城东，粟斛直钱二十，府廪环积。既欲复置常平仓，公卿议者多以为不便。刘般曰："常平外有利民之名，而内实侵刻百姓，豪右因吏缘为奸，小民不得其平，置之不便。"乃止。然常平之弊，在经营之不得其宜,非制度之不善也。故当时官廪虽实,民遇饥馑仍不得食。安帝永初三年,天下水旱,人民相食,遂令吏民入钱谷得为关内侯,仿入粟拜爵之例以充救济之用。献帝兴平元年,三辅大旱,谷一斛钱五十万,豆一斛钱二十万。人相食啖,白骨委积。帝使侍御史侯汶出太仓粟豆,为饥人作糜粥。经日,而死者如故,帝疑赈恤有虚,乃亲于御座前量试作糜,乃知非实。收侯汶,杖五十。及献帝驾至洛阳,见尚书郎官自出采稆,或不能自反,死于墟巷。袁绍军人皆资椹枣,袁术战士取给蠃蒲[1],当时食粮匮竭,于此可见。虽天灾人祸有以致之,亦实平时忽略粮政之果也。

屯田之制与军粮 秦汉之际,漕运之制盛行者,完全以军事上需要为主要目标,虽倡仓储之制,重积蓄之政,但仍不能解决困难,故屯田之制适应环境而产生矣。宣帝神爵元年,后将军赵充国击先年[2],以江南地广人稠,需米倍于他省。动帑买运,以济民食,恐稽时日。故照河工议叙贡监之例,将银改为本色谷米。每银一两,收米一石,或谷二石。由州县酌量应输多寡,俟足额后,加谨存储,按季造册报部,不准私收折银反勒索包揽。乾隆三十年以后,陕、甘折色日多,遇有需谷米时,仍不敷给,乃向民间采买,勒买之弊随之而生,遂停捐监事例。翌年,停直隶、安徽、山西、河南等省捐例,越二年,又停福建、广东、云南等省捐例,至各

[1] 即蒲蠃。——编者注

[2] 应为"先零"。

本处至下页"于是常平仓积贮之量,较前更丰"为原书排版差失,误排了清代粮政内容。——编者注

省仓谷，倘有缺额，即动项买补。如库项不敷者，则随时奏请拨给，此为常平仓谷本来源之确定，而不徒依捐助也。

当初设常平仓时，以多出自人民捐助，不能限制种类，故米麦谷豆高粱，咸皆收纳。江南地方潮湿，米在仓一二年，便至红朽，不若稻谷可以耐久。乃定制各省仓一律改储稻谷，凡现存米者，以一石易谷二石。雍正三年，江西、湖北、湖南、四川四省贮米皆在五十万石内外，令于一年以内，改易稻谷。江淮截漕米，广东存仓米，皆八万余石，广西存仓米十万石，分作二年改易稻谷，云南米五十七万余石，贵州米四十余万石，一二年内不能尽易，乃将云南所给兵粮十九万四千六百余石，贵州兵粮九万五千六百余石，从存仓米支给，至秋成时征收稻谷补仓。云南限四年，贵州限三年，皆应如期易完。各省仓米改易稻谷后，除额征兵饷仍收米外，余征稻谷，其有亏空仓米，亦以稻谷追补还仓。乾隆十四年，以各省出产不同，食尚亦异，常平仓贮，未能尽限稻谷，乃定杂粮折抵一石稻谷之比例：山东豆一石，麦六斗。河南黑豆高粱一石，麦七斗。江苏大麦一石，黄豆小麦五斗。安徽大麦粟谷秫一石，粟米，黄豆小麦五斗。陕西小麦黄豆五斗。四川小麦五斗，莜子九斗，青稞八斗。贵州小麦莜一石。甘肃粟米小麦准互抵，青稞、青豆，亦准互抵大豆。于是常平仓积贮之量，较前更丰。[1]（如淳谓：卢，肆也。臣瓒谓：卢，酒瓮也。师古谓：卖酒之区也。）雠五十酿为准。一酿用粗米二斛，曲一斛，得以成酒六斛六斗，各以其市月朔米曲三斛，并计其

---

[1] 自上页“年，以江南地广人稠”至本处为原书排版差失，误排了清代粮政内容。——编者注

贾而叁分之，以其一为酒一斛之平，除米曲本贾，计其利而什分之，以其七入官，其及糟截灰炭给工器薪樵之费。致望胡氏评曰：

用兵以食为尤，故禁酒为其糜米谷也。而后世则取利于酒，夺民酤而榷之官，当尚武之时，责利加倍于承平；而军屯所在，又置场自酿，争多竞胜，谓足以充军费省民力，岂古今世变之异欤？

考汉之粮食节用，重于官取其利以补国用之不给，非以省糜米谷也。

人口之赋与粮政　汉更创人口之赋，因其有关当时粮政之推行，故附述于此。高祖时，人年十五以上至五十六皆出赋钱。百二十为一算，人出一算，贾人与奴婢倍算。惠帝时，令女子十六以上至三十不嫁者五算。文帝时男丁三年一算，年出赋钱四十。后又改年龄为二十五至五十六始算。武帝征中和，诏益民赋钱三十助边用。灵帝时南宫灾，敛口钱四十以治宫室。口钱者，征于未成丁者也。民七岁至十四岁出口钱二十。武帝时，民产子三岁即出口钱。故马端临评之曰：

民有田则税之，有身则役之，未尝税其身也。今汉除税田役身之外，更税其身，故当时民间产子辄杀之以省口钱。

可知算赋口钱皆为扰民之征，因杀子而免口钱，亦极人间之惨也。

第三章　两晋南北朝之粮政

占田与均田之法　三国乱后，农村破产，耕作荒虚，晋武帝乘人口减少土地荒废之时，行占田之法。除以官品等级占田外，受民以田。官自一品占田五十顷，以次各以五顷为差，至第九品而为十顷。民年十六以上六十以下者为正丁，男子占田七十亩，女子三十亩。又男课田五十亩，女二十亩。年十三至十五及六十一至六十五者为次丁，课男丁之半，女则不课。年十二以下六十六以上者为老小，不事远夷，不课田。此亦类似井田制度之受田，但无归田之限，在初受之时，名为公田，稍阅时日，即成永业矣。故自惠帝永嘉以后，百姓更相鬻卖，奔迸流移，官不为禁，反收估钱。凡买卖之价及一万者，输估钱四百入官，是官启兼并之患也。

晋室衰而有五胡之祸，人民流散，农事废弛，豪右占夺而官不禁。及于北魏孝文帝时，始颁均给天下民田之诏曰：

> 朕永乾在位，十有五年。每览先王之典，经纶百民。储蓄既积，黎民永安。爰暨季叶，斯道陵替。富强者并兼山泽，

贫弱者绝望一廛。致令地有遗利，民无余财，或争亩畔以亡身，或因饥馑以弃业，而欲天下太平，百姓丰足，安可得哉？今遣使者循行州郡，与牧守均给天下之田，还受以死生为断，劝课农桑，兴富民之本。

其制略异于前代诸法，有桑田、露田、二男之田三类。桑田为种植桑榆之地，为农民生活之本据。露田为种植农作物之地。二男之田为隔年一种之地。凡男夫年十五以上者受露田四十亩，妇人二十亩，身没还田。初受田者，男夫一人给桑田二十亩为世业，课莳余种桑五十株，枣五株，榆三株。非桑之土，夫给一亩，课莳榆枣。限三年种毕，不毕，夺其不毕之地。奴婢依良丁，牛一头受露田三十亩，以四牛为限。举户老小癃残无受田者，年十一以上及癃者各以半夫之田；年逾七十者不还所受。寡妇守志者，亦受妇田。民之新居者，三口给地一亩以为居室，奴婢五口给一亩。男女十五以上，因其地分口课种菜五分亩之一。

考其公田来源，除固有官地以外，泰半为诸远流配遣无子孙及户绝者，未尝将所有田亩一律收为国有作统筹之支配，是均田之法，仅均公田，而豪强兼并之田不在其内。至于受民桑田为世业，则私产之制仍在，又准民自由出售溢额之田，国家并不予以强制收购，故兼并之路仍未塞。

北朝之制，北齐较详。田有露田、桑田、麻田之别；民有中、丁、老、少之分。露田桑田之义皆与前同，惟麻田为不宜种桑稻而种麻之地。民年十六以上六十以下为中，十八以上六十五以下为丁,六十六以上为老,十五岁以下为少。民成丁男夫受露田八十亩,妇人四十亩,六十六岁还田。另给丁桑田二十亩为永业。麻田定率与桑田同。丁牛一头,受田六十亩,亦限四牛。北周田制,与齐略同,迄于隋杨受禅,仅定百姓园宅三口一亩,奴婢五口一亩之制。在官者有职田,凡京官一品给田五顷,每品以五十亩为差,至九品而为一顷。在地方之官吏,亦给公田为禄。所受之田,即在该官所治之处,刺史十五顷,太守十顷,治中别驾为八顷,县令郡丞六顷,定交代时授受,不得变买。此外尚有公廨田,史载系供公用,异于职田,大约即为今之办公费用,制不可考。南朝田制,无可纪述,一律放任人民私有,不加限制,政府只从中抽取户调之征。梁武帝天监三年,虽有"尤贫之家勿取今年之调,无田产者所在量宜赋给"之诏,惜无定制,而人民仍无实惠。

户调之征与粮政　东汉之季,军事繁兴,因守三十税一之制,博薄赋之名,而行苛暴扰民之实,故三国时已打破旧制,《魏志·高堂隆传》曰:

> 将吏俸禄稍见折减。方之于昔,五分居一。诸受休者,又绝廪赐。不应出者,今皆出半。此为官入,益多于旧;其所出与,叁少于昔。而用度经支,更每不足。牛肉小赋,更每相继。

《吴志》记孙权言曰:

> 自孤兴军五十年,所役赋凡百,皆出于民。天下未定,孽

类犹存，士民勤苦，诚所贯知。然劳百姓，事不得已也。

观于度支经用之不足及士民勤苦者，皆基于租入之重，断非三十税一之薄赋。斯时社会环境，既不能令民自实其田，又不能遣守吏窍考，不得不折衷而有户调之征。

考征赋之法，不外为就田问赋与就丁问田。两汉之制，民田三十而税一，此从田税也。高祖初为算赋，人年五以上至五十六出赋钱，以人出百二十为一算，此从丁税也。其有挨户问粮者，则介乎从田从丁之间，即为户调之始。《通考》述西晋户调云：

> 自是以降，户税较重，齐、周、隋、唐因之。赋税沿革，微有不同。大抵计亩而税之令少，计户而税之令多。至唐始分为租庸调。

《魏志》记曹操建安九年之令曰：

> 有国有家者，不患寡而患不均。袁氏之治也，豪强兼并，亲戚擅恣。下民贫弱代出租赋。望百姓亲附甲兵强盛，其可得乎？其令田租亩四升，户出绢二匹绵二斤而已，他不得擅兴发。

执此而言，则于不易清查之田亩，课以轻税；而较易清查之户额，课以重税，是户调之前身也。

田亩之调查,较难于户籍之整理,故重户税而轻田租者,避重就轻,避繁趋简也。然就田问赋,手续虽繁而法最善;就丁问田,手续较简而流弊多,实非合理之粮政。泰和四年傅玄曾上言曰:

二千石虽奉务农之诏,犹不尽心以尽地利。皆汉氏以垦田不实,征杀二千石以十数。臣愚,以为宜申汉氏旧典。

是在西晋未统一中国以前,不曾着手于土地之调查,及平吴以后,乃制户调之式。除受田之法前节详述外,丁男之户,岁输绢三匹,绵三斤。女及丁男为户者半之。其余边郡,或输三分之二,或三分之一。夷人输賨布,户一匹,远者或一丈,此即为户税,而田税已在其中矣。马端临曰:

三十税一者,田赋也;二十始传,人出一算者,户口赋也。今晋法如此,似合二法而为一。然男子一人,占田七十亩,丁男课田五十亩,则无无田之户矣,此户调之所以又行欤?

按马氏谓晋合二法而为一,甚为正确,至其谓无无田之户,则未可佐证,盖晋之受田,仅限于官田之分配,未尝实行计口之普遍受田,前节详言之。其所以行户调者,实一时权宜之计,暂以户为赋而不问其田也。

从户而税是否合理,请以下列之两种现象为证。考六朝之世,累世同居者颇多,如会稽平水云门之间,有裘氏义门,自齐梁以来，七百余年无异爨，因避户调之繁，往往累世不肯别炊也。其另一现象，则为地主多田者出一户之税，而田少者亦出一户税，不足以示其平。晋自渡江以后，至成帝咸和五年，始度百姓田，取十分之一，率亩税三升，哀帝即位，减田租亩收二升，是又舍户而税田矣。孝武帝太元二年，除度田定租之制，王公以下，口税三斛，惟蠲在身之役。八年又增税米口石。是又从口税，计其税田时间，不过三十七年耳。

民食之概况　三国纷乱戎马倥偬之际，不暇为民食计。晋武帝时，谷贱而布帛贵，帝欲立平籴法，用布帛市谷以为粮储，议者谓军资尚少，不宜以贵易贱。至泰始二年诏曰：

> 古人权量国用，取赢散滞，有轻重平籴之法。此事久荒，希习其宜，而官蓄未广，言者异同，未能达通其制。更令国宝散于穰岁而上不收；贫弱困于荒年而国无备。豪人富商挟轻资蕴重积，以筦其利，故农夫苦其业，而末作不可禁也。今宜通籴以充俭乏，主者平议具为条制。

诏下未见实行。四年，立常平仓，丰籴俭粜，以利百姓。八王乱后，雍州以东，人多饥乏。幽、并、司、冀、秦诸州皆被蝗灾，草木及牛马毛俱尽，民食艰难，白骨蔽野，怀帝为刘曜所困，粮食恐慌更甚，比屋不见烟火，饥人相啖食。百官流亡者十八九，民得幸存者十不及五。元帝寓居江左，无积蓄之资，国□所需者，随土所出，临时折课市取，毫无定制。帝乃督课劝农，诏二千石长吏，以入谷多少为殿最。孝武帝末年,百姓始得安乐其业。

宋文帝元嘉中,三吴大水,谷贵,民不得食,而富商蓄贾乘机抬价,遂下令积蓄之家,听留一年备食之储,余皆勒使粜贷,为制平价。齐武帝永明六年,米谷贵而布帛贱,帝出库钱五千万于京师市米买丝绵纹绢。其他扬州、徐州、荆州、南兖、雍州各地,视其所宜,各出钱为市贾,而米价渐跌。

五胡之乱,淮北异族争雄,互相残杀,民废农业。道武帝经略天下,以足食为本,躬耕籍田。明元帝时,屡遭水旱饥荒,民食缺乏,乃简尤贫者就食山东。孝文帝十一年大旱,京都民饥,加以牛疫,乃以马驴驾车挽耕。听民向他处就食,沿路给粮禀食,至所在,由邻里党之长赡养之,并遣使时加省察,其留业不去者,令所管地方官吏开仓振贷。其有特不能自存者,悉令检集,为粥于街衢,以救其困。然主事之吏不明,甚多馁死。十二年诏求安民之术,有司上言,请析州郡常调九分之二,京都度支岁用之余,各立官司,丰年籴贮于仓,时俭则减私之二粜之于民。如此,民必力田以买官绢,积财以取官粟。年登则常积,岁凶则直给,又别立农官,取州郡户十分之一,以为屯民;相水陆之宜,断顷亩之数,以赃赎杂物,市牛科给,令其肆力,一夫之田,岁责六十斛,甄其正课,并征戍杂役。行此数事,则谷余而民足矣。行之数年,公私丰赡,虽时有水旱,不为灾。至正光四年,四方多事,国用不给,预征天下六年之租调,民不堪命。庄帝承丧乱之后,又颁入粟鬻爵之制。及于魏孝靖帝,折绢籴粟以充国用,库禀稍裕,元象、兴和之中,岁连穰,谷斛仅直九钱。总观以上两晋南北朝之局势,极为混乱,故关于粮政之措施，并无定制，纷争攘夺情况之下，而民生益凋敝矣。

户调制度之变迁 户调与粮政之关系，前节已略及之，因两晋南北朝三百五十余年之中，制度变迁特甚，足供检讨粮政得失之参考，故补述如此。魏收田租亩四升，户绢二匹，绵二斤。晋武帝时丁男之户，岁输绢三匹，绵三斤，女及次丁男为户者半输。成帝时，度百姓田，取十分之一，率亩税米三升；哀帝改亩税二升。孝武帝除定田收租之制，改从口税，凡公王以下口税三斛，太元八年增税口米五石。马端临考之曰：

> 晋制男一人授田七十亩，以亩收三升计之，当口税二斛一斗；以亩收二升计之，当口税一斛四斗。今除度田收租之制，而口税二斛增至五石，则赋颇重矣。岂所谓公王以下云者，又非泛泛授田之百姓欤？

魏定调制，一夫一妇帛一匹粟一石，人年十三以上未娶者，四人出一夫一妇之调。奴任耕婢任绩者八口当未娶者四，耕牛十头当奴婢八。其麻布之乡，一夫一妇布一匹，下至牛以此为降，大率十匹中，五匹为正调，二匹为调外费，三匹为内外百官俸。孝文帝延兴四年，诏州郡人十丁取一以充行，户收租五十石以备年粮。太和八年，始准古班百官之禄，以官品第各有差。先是户以九品混通，户调帛二匹，絮二斤，粟二十石，又帛一匹二丈，委之州库，以供调外之费。至是户增帛三匹、粟二石九斗以为官司之禄，复增调外帛满二匹，所调各随其土所出。孝明帝孝昌二年，税京师田亩五升，借贷公田者亩一斗。庄帝即位，因人贫富为租输三等九品之制，千里内纳粟，千里外纳米，上三品户入京师，中三品入他州要仓，下三品入本州。静帝时，以天下调绢不依旧式，乃定悉以四十尺为度。齐成武之世，户口租调，十亡六七，至河清三年，始定律民年十八受田，输租调，二十充兵，六十免力役，六十六退田，免租调。卒人一床调（一床调即一份调）绢一匹，绵八两，凡十斤绵中折一斤作丝；垦租二石，义租五斗。奴婢各准良人之半。牛调二尺，垦租一斗，义租五升。垦租送台，义租纳郡，以备水旱。垦租皆依贫富为三枭。其税赋常调则少者直出上户，中者及中户，多者及下户。上枭输远处，中枭输次远，下枭输当州仓，三年一校焉。租入台者，五百里内输粟，五百里外输米。入州镇者输粟，人欲输钱者准上绢收钱。武平之后，权幸赐予无限，乃科境内六等富人调，令出钱，北周太祖作相，创制六官。司赋掌功赋之政令。凡人自十八至六十四与轻癃者皆赋之。有室者岁不过绢一匹，绵八两，粟五斛；丁者半之。其非桑土，有室者布一匹，麻十斤；丁者又半之。丰年则全赋，中年半之，下年三之，皆以时缴纳。若凶年则不缴。司役掌力役之政令。凡人自十八至五十九，皆任于役，丰年不过三旬，中年则二旬，下年则一旬。凡起徒役，无过家一人。其有年八十者，一子不从役，百岁者家不从役。废疾非人不养者，一人不从役。若凶札，则无力征。隋兴，仍依周制，役丁为十二番，匠则六番。定令丁男一床租粟三石，桑土调以绢絁，麻土以布。绢絁以匹加绵三两，布以端加麻三斤。单丁及仆隶各半之。未受地者皆不课。开皇三年，初令军人以二十一成丁，减十二番每岁为三十日役，减调绢一匹为二丈。北朝之赋役，虽累有损益，而制度不殊，魏晋之户调，已为其先河。东晋及南朝无均田之制，而税法亦略似于此。兹将赋役之比较列表于后：

魏晋迄隋租调比较表

朝代	租	调	备注
魏	亩粟四升	户绢二匹绵二斤	
晋	不详	户绢三匹绵三斤，女及次丁男为户者半输	
东晋	租米五石禄米二石，丁女半之	布绢各二丈丝三两绵八两禄绢八尺禄绵三两二分，丁女半之	每岁役二十日
后魏	一夫一妇粟二石，单丁五斗，奴婢二斗半，牛一斗	帛一匹绵八两或布一匹麻十五斤，单丁以下准租例递减	
北齐	垦租二石义租五斗，奴婢半之，牛垦租一斗义租五升	绢一匹绵八两，奴婢半之，牛二尺	
北周	粟五石，丁半之	绢一匹绵八两或布一匹麻十斤，丁半之	每岁役三十日
隋	粟三石，单丁及仆隶半之	绢一匹绵三两或布一端麻三斤，单丁及仆隶半，旋减调绢一匹为二丈	每岁役三十日旋改为二十日

说明：按隋以前无庸法定制，至唐始详。然东晋曾规定岁役二十日，北周三十日，隋初定三十日，旋亦改为二十日，故附志于备注栏内。绢布以幅广二尺二寸长四十尺为一匹，六十尺为一端。江左三斗合隋制一斗，是隋征三石，实当江左九石，大抵魏晋以后，单位渐大，尤以北朝为甚。

均田制之检讨 魏齐之制，一夫受露田八十亩，而丁牛一头受田六十亩，限四牛。则富有四牛者，可受田三百二十亩，较贫无牛者之所受高出四倍。奴婢受田依良民，而其买卖又如牛马，富者买奴百人，即可受田八千亩。一家蓄奴婢之数，后魏无限制，是富者买奴愈多，受田愈广而获利亦愈丰。北齐虽略加限制，而亲王限蓄三百人，可受田二万四千亩，与贫农无力买奴与牛者相较，则去甚远。隋之亲贵，田多者百数十顷，九品官亦有二顷，较庶民之有永业二十亩者，亦显有轩轾。赋役之不均，亦为均田制度下未能彻底改革者。奴婢受田如良民，而租调则半之，牛税尤少，又有高荫免税之制，是田多而纳税轻，课役有不及者也。其更有奸吏弄法，舍豪强而征贫弱者，则又为税制以外之人事问题，其苛扰百姓则一。

义仓之创立　关中之粟常不给，恒赖漕关东之粟以为民食。后魏以前，漕运之制，困民特甚，虽于水运之次，随置仓库，以应军国之需，但隋文帝开皇三年，京师仓库犹虚。遂于蒲、陕、汴、汝等水次诸十三州，置募运米丁，又于卫州置黎阳仓，陕州置常平仓，华州置广通仓，转相灌注，漕关东及汾晋之粟以给京师。续开广通渠以利关中之运输。其最有关民食者为创立义仓。工部尚书长孙平奏曰：

古者三年耕而余一年之积，九年作而有三年之蓄，虽水旱为灾而人无菜色，皆由劝导有方，蓄积先首故也。……请令诸州百姓及军人劝课当社，共立义仓。收获之日，随其所得，劝课出粟及麦，于当社造仓窖储之。即委社司执帐检校，每年收积，勿使损败。若时或不熟，当社有饥馑者，即以此谷赈给。

考其原意，重在当社立仓，但开皇四年以后，十年之中，诸州频旱，百姓饥馑，政府忙于给散，原意渐失。十四年灾情最惨，文帝遣左右视民食，得豆屑杂糠。帝为之流泪，不御酒者将一期。乃帅民就食洛阳，从官并准见口赈给，不以官位为限。十六年诏当县设立社仓，准上中下三等税，上户不过一石，中户不过七斗，下户不过四斗，而义仓之制至此发生绝大之变化。前者为劝课出粟及麦，今则定为税制，由自由捐输变为输税定额之一种。前者当社立仓，社司可以执帐检校，今则当县立仓，有官吏挪用勒派之弊，赈给之事，人民不能过问矣。

第四章　唐代粮政

田制与租庸调　北魏均田之制，历北齐北周及隋四代而未改，逮于唐，则斟酌前法而加以损益。分田为“世业”及“口分”。世业之田，身死则乘户者便受之；口分之田则收入官更以给人。民年十八以上给田一顷，笃疾废疾给四十亩，寡妻妾三十亩，若为户者加二十亩，皆以二十亩为世业，其余为口分。世业之田，树以榆桑及所宜之木。田多可以足其人者为宽乡；少者为狭乡。狭乡受田减宽乡之半。其地有厚薄，岁一易者倍受之；宽乡虽三易不倍受。工商者宽乡减半，狭乡不给。凡庶人徙乡及贫无以葬者，得卖世业田；自狭乡而至宽乡，得并卖口分田，但已卖者不复受。北魏之制，民得卖溢额之田，未满额者不得卖，而唐则不加限制，不仅可卖世业，而口分之田，由狭乡迁宽乡时亦可变卖，是名为官授之田，实即私产也。唐之田制，既略加损益前代之法，而田赋之征，亦大半沿袭与承受前法。前者南人取之于民，徘徊于从户从田、从丁税田、从田税田三项办法之中；北人则始终税丁而不税田，故唐之租庸调，多采北人之制，间亦杂用南人从户从田之说。

盖从户而税之弊,为人民不析居;从田而税之弊,为田亩难于稽核;从丁而税之弊,为亡丁之多与荫附之众。唐虽以从人丁之税为本,但有图貌之法,籍帐之设,较北人之制严密多多矣。

武德二年制,每丁租二石,绢二丈,绵三两。自兹以外,不得横有调敛。寄租调于丁自此始。三年均田赋税,《唐会要》云:

> 每丁岁入粟二石,调则随乡土所产,绫、绢、絁各二丈,布加五分之一。输绫、绢、絁者,兼调绵三两;输布者,麻三斤。丁岁役二旬,若不役,则收其庸,每日三尺。有事而加役者,旬有五日,免其调;三旬则租调并免。通正役不过五十日,夷獠之户,皆从半税。凡水旱虫伤为灾,十分损四以上免租;损六以上免调,损七以上课役并免。

但《唐书》云:

> 凡授田者,丁岁输粟二石,稻三斛,谓之租。丁随乡所出,岁输绢二匹,绫、絁二丈,布加五之一,绵三两,麻三斤;非蚕乡则输银十四两,谓之调。用人之力,岁二十日,闰加二日。不役者日为绢三尺,谓之庸。

此两说略有出入,但皆以人丁为本,则未尝异。

唐制四万户以上为上州,三万户以上为中州,不满者为下州。六千户以上为上县,二千户以上为中县,不满一千户为下县。百户为里，五里为乡，郊外为村。里及村坊皆有正以司督察。四家为邻，五邻为保，保有长以佐州县禁约。又里有首实，岁终具民之年与地阔狭为乡帐，乡成于县，县成于州，州成于户部。又有计帐，具来岁课役，以报度支。国有所须，先奏而敛，凡敛之数，书于县门村坊，与众周知。是征取之制校详于前，而图貌之法，籍帐之创，又为针对旧制之弊而予以纠正者也。武德六年，民以始生为黄，四岁为小，十六为中，二十一为丁，六十为老。诸州每岁一图貌，计户口。凡人丁老疾，应免课役及给侍者，皆由县亲貌形状，以为定簿。一定之后，不得更貌。疑有奸欺者，听随时貌定，以符手实。开元二十九年，令三年图貌一次（旧制一年图貌一次）。新丁附于籍帐者，春则课役并征，夏则免课从役，秋冬则课役俱免。武德六年，令每岁一造册，三年一造籍。州县留五比，尚书省留三比。景龙二年敕诸籍应送省者，应附当州庸调。县司责手实计帐依式勘造。乡别为卷，总写三通。其缝皆注明某州某县某年籍，州名用州印，县名用县印。三月三日纳讫，并装潢一通，送尚书省，州县各留一通。所须纸笔装潢，并皆出当户内口，户别一钱。其户每以造籍年，预定为九等，便注籍脚。有析居新附者，于旧户内以次编附。

古所谓有粟米之征，力役之征，布缕之征，唐皆兼具，即租庸调也。惟田赋之不计亩而计丁或户，则必实行彻底之均田制度，先必人皆受田，然后可以按丁按户纳赋，今均田之行有名无实，极不合计丁计户征税之原则，此唐之所以改行两税法也。

两税制之实施　租庸调制度之维持，全恃户口之统计，而不稽考田亩之数字。玄宗中兴之初,宇文融请括籍外羡田,逃户自占者,给复五年。每丁税千五百钱,以摄御史分行括实。计诸道所括,得客户八十余万,田亦称是。按由户口以定田赋之制,则户籍重于地册;由地以定赋,则地册又重于户籍。在以身丁为本之租庸调制下,宇文融之括浮户以达整理田赋目的,实属正当,然不能治本,故杨炎之两税法,较括浮户又进步矣。在两税法未实施以前,考诸史籍,曾一度以亩定税,盖开元以后,天下户籍,久不更造,丁口转死,田亩卖易,贫富升降皆不实。代宗时,一户二丁者免一丁,亩税二升。上都秋税分二等,上等税一斗,下等六升。荒田亩二升。广德六年,定夏上田亩税六升,下田四升。秋上田亩税五升,下田三升。荒田如故。是在杨炎两税法以前,租庸调之制早不适用矣。

《唐书·杨炎传》曰:

> 初定令有租庸调法,自开元承平,久不为版籍。法度刓敝,丁口、田亩、贫富等项,悉非往时,而户部悉以空文上之。又戍边者,蠲其租庸。玄宗事夷狄,戍者多死,边将讳不以闻,故籍贯不除。天宝中,王鉷为户口使,方务聚敛,以其籍存而丁不在,是隐课不出。乃按旧籍当免者,积三十年,责其租庸。人苦无告,法遂大敝。至德后,天下起兵,因以饥馑,百役并作,河南、山东、荆襄、剑南重兵处,皆厚自奉养。王赋所入无几,科敛凡数百,名废者不削,重者不去。新旧仍积,不知其涯。百姓竭膏血,鬻亲爱,旬输月送,无有休息。吏因

其苛,蚕食于人。富人多丁者,以宦学释老得免;贫人无所入,则丁存。故课免于上而赋增于下,是以天下残瘁,荡为浮人。乡居里著者,百不四五。炎疾其敝,乃请为两税法,以一其制。凡百役之费,一钱之敛,先度其数而赋于人,量出制入。户无主客,以见居为簿。人无丁中,以贫富为差。不居处而行商者,在所州县,税三十之一。度所取与居者均,使无饶利。居人之税,夏秋两入之。俗有不便者正之。其租庸杂徭悉省,而丁额不废。

由此观之,所谓两税制之实质,乃以资产为主之赋制,改革过去从丁从户之法,不仅合时代之要求,且为最合理想之政策。曩有初未成丁而家累千金者乃薄赋之;又有年齿已壮而贫无立锥者乃厚赋之。今行两税之法,以贫富为差,则有户有丁而无田之家,得以稍舒喘息。

两税制之检讨 初定两税,货重钱轻,乃计钱而输绫绢,既而物价愈下,所纳愈多。绢匹为钱三千二百,其后一匹为钱一千六百,输一者过二,虽赋不增旧而民愈困。度支以税物颁诸司,皆增本价虚估给之,而缪以滥恶。督州县剥价,谓之折纳;复有"进奉""宣索"之名,改科役曰"召雇",率配曰"和市",以巧避微文。又疠疫水旱,户口减耗,刺史析户,张虚数以宽责,逃死阙税,取于居者,一室空而四邻亦尽,户版不缉,无浮游之禁。州县行小惠以倾诱邻境,新收者优假之,唯安居不迁之民赋役日重。陆宣公上疏请革其甚害者,大略有六:

其一曰：

今两税以资产为宗，不以丁身为本。资产少者税轻，多者税重。不知有藏于襟怀囊箧，物贵而人莫窥者；有场圃囷仓，直轻而众以为富者；有流通蕃息之货，数寡而日收其赢者；有庐舍器用，价高而终岁利寡者，计估算缗失平，长伪挟轻费转徙者脱徭税，敦本业者困敛求，此诱之为奸，殴之避役也。

其二曰：

先王定赋以布麻缯纩百谷，勉人功也。又惧物失贵贱之平，交易难准，乃定货泉以节轻重。盖为国之利权，守之在官，不以任下，然则谷帛人之所为也，钱货官之所为也。人所为者租税取焉；官所为者赋敛舍焉。国朝令著，租出谷，庸出绢，调出缯纩布麻，曷尝禁人铸钱，而以钱为赋。今两税效算缗之末法，估资产为差，以钱谷定税，折供杂物，岁目颇殊，所供非所业，所业非所供，增价以市所无，减价以货所有，耕织之力有限，而物价贵贱无常。初定两税，万钱为绢三匹，今则为绢六匹，前者价贵而数不多，后者价贱而数加，此供税多而人力不给也。

其三曰：

廉使奏吏之能者有四科，曰户口增加，曰田野垦辟，曰税钱长数，曰率办先期。夫贵户口增加，诡情以诱奸浮，苛法以析亲族。所诱者将议薄征则遽散，所析者不胜重税则又亡，有州县破伤之病。贵田野垦辟，然农夫不增而垦田欲广，诱以垦殖荒田，限年免租。新亩虽辟，旧畬芜矣。及至免租年满，复为污莱，有稼穑不增之病。贵税钱长数重困疲羸，捶骨沥髓。苟媚聚敛之司，有不恤人之病。贵率办先期作威残人，丝不容织，粟不暇舂，贫者奔逃，有不恕物之病。四病繇考核不切事情之过，验之以实，则租赋所加，固有受其损者。此州若增客户，彼州必减居人。增处邀赏而税加，减处惧罪而税不降。国家考课之法，非欲崇聚敛也。

其四曰：

明君不厚所资而害所养。故先人事而借其暇力，家给然后敛余财。今督收迫促，蚕事方兴而输缣，农功未艾而敛谷。有者急卖而耗半直，无者求假费倍。

其五曰：

顷师旅亟兴，官司所储，唯给军食，凶荒不暇赈救，人小乏则取息利，大乏则鬻田庐，敛获始毕，执契行贷，饥岁室家相弃，乞为奴仆，犹莫之售，或缢死道途。

其六曰：

今富者万亩，贫者无容足之居，依托强家，为其私属，终岁服劳，常患不充。有田之家，坐食租税，京畿田亩税五升，而私家收租一石，官取一私取十，穑者安得食足？

又有河南尹齐抗者，亦论其敝曰：

定税之初，钱轻货重，故以钱为税，今钱重货轻，若就其轻，则其利有六：一、吏绝其奸；二、人用不扰；三、静而获利；四、用不乏钱；五、不劳而易知；六、农桑自劝。百姓本出布帛而税反配钱，至输时复取布帛，更为三估计折，州县升降成奸，若直定布帛，无估可折。盖以钱为税，则人力竭而有司不之觉，今两税出于农人，农人所有唯布帛而已，用布帛处多，用钱处少，又有鼓铸以助国计，何必取于农人？

以上两说皆未见采用于当世，盖以两税制度之原则理论，公正不偏，因有司之不公不明，致予反对者以口实耳。

两税与民生 建中初定两税而物轻钱重，民以为患。至穆宗时，为绢二匹半者值前之八倍，大率加三倍。豪家大商，积钱以逐轻重，农人口困，末业日增。户部尚书杨於陵言：

大历以前，淄青、太原、魏博杂铅铁以通时用；岭南杂以

> 金、银、丹砂、象齿。今一用泉货，故钱不足。宜使天下两税、榷酒、盐利、上供及留州送使钱，悉输以布帛谷粟，则人宽于所求，然后出内府之积，收市廛之滞，广山铸之数，限边裔之出，禁私家之积，则货日重而钱日轻矣。

宰相纳其议。由是两税上供留州皆易以布帛丝纩，租庸课调不计钱而纳布帛，惟盐酒本以榷率计钱，与两税异。会昌元年，令州县所征科，斛斗一切依额为定，不得随年检责，数外增加。百姓有人力能垦辟耕种，州县不得辄问，所收苗子五年不在税限，五年之外，依例纳税。于一乡之中，先填贫户欠阙，如无欠阙，则均减众户多征斛斗，但令不失原额，不得随田加率。

唐之困民，除征取无率及折色之弊以外，尚有预借与附加，不异于汉制之苛。按预借之始，不自两税之实施。乾元三年[1]迁御史大夫，加税地青苗钱物使，时以此钱充给京百官料。广德二年，初税青苗，大历二年定制，凡苗之亩，税十五钱，市轻货，给百官手力课，以国用急，不及秋，方青苗即征之，号青苗钱。时淮南节度使陈少游请于当道，两税钱每千加税三百，度支因请诸道悉如之。贞元八年，剑南西川观察使韦翱奏请加税什二，以增给官吏，此预借及附加之事实。更有滞征之罚，足证当时收税限期之迫，民为所困。《旧唐书·卢坦传》记宪宗时事曰：

[1] 此处疑缺"崔涣"二字。——编者注

河南尹征赋限穷，而县人诉以机织未就。坦请延十日，府不许。坦令户人但织勿顾限。违之，不过罚令俸耳。既成而输，坦亦坐罚。陆宣公所谓"蚕事方兴，已输缣税，农功未艾，遽征谷租"者，殆亦指有司限输之期过迫，不顾民生苦痛也。

唐人诗中，纪民生痛苦之作甚多，兹录香山讽刺重赋诗及聂夷中田家诗为代表，足证两税实施后，人民生活益趋窘迫。香山诗云：

厚地植桑麻，所要济生民。生民理布帛，所求活一身。身外充征赋，上以奉君亲。国家定两税，本意在爱人。厥初防其淫，明敕内外臣。税外加一物，皆以枉法论。奈何岁月久，贪吏得因循。浚我以求宠，敛索无冬春。织绡未成匹，缫丝未盈斤。里胥迫我纳，不许暂逡巡。岁暮天地闭，阴风生破村。夜深烟火尽，霰雪白纷纷。幼者形不蔽，老者体无温。悲喘与寒气，并入鼻中辛。时日输残税，因窥官库门。缯帛如山积，丝絮如云屯。号为羡余物，随月献至尊。夺我身上暖，买尔眼前恩。进入琼林库，岁久化为尘。

夷中诗云：

二月卖新丝，五月粜新谷。医得眼前疮，剜却心头肉。我愿君王心，但作光明烛。不照绮罗筵，偏照流亡屋。

情景之惨，流露于诗句之外矣。

社仓常平仓之兴废 唐高祖代隋而帝天下，其即位之武德元年，置社仓及常平仓。太宗贞观二年，从尚书左丞戴胄建议，自王公以下，计垦田稼穑顷亩，至秋熟准其见在苗，以理劝课，尽令出粟；稻麦之乡，亦同此税。各纳所在为义仓。凡亩税二升为定制，其粟、麦、粳、稻之属，各依土地，贮之州县，以备凶年。惟宽乡敛以所种，狭乡据青苗簿而督之。田耗十四者免其半，耗十七者皆免。商贾无田者，以其户为九等，出粟自五石至五斗为差，下下户及夷獠不取焉。其后洛、相、幽、徐、齐、并、秦、蒲诸州，皆置义仓，粟藏九斗，米藏五年。下湿之地，粟藏五年，米藏三年，皆著于令。高宗武后之数十年间，义仓不许杂用，其后公私窘迫，渐贷义仓支用。中宗时，令百姓将应征义仓之米，每三年赴京缴纳一次，民为所困，开元四年始罢之。七年，关内、陇右、河南、河北五道及荆、扬、襄、夔、绵、益、彭、蜀、资、剑、茂等州皆置仓。其本上州三千贯，中州二千贯，下州一千贯。贷粮标准为三口以下给米一石，六口以下二石，七口以下三石，给粟者准以米计折。二十五年，定制王公以下，每年户别据所种田亩，别税粟二升以为义仓。其商贾无田及不足者，上上户税五石，上中以下递减各有差。诸出给杂粮准粟者，稻谷一斗五升当粟一斗，稻三石折纳米一石四斗。天宝三年以后，海内富实，米斗直钱十三，青齐诸州，仅直三钱。绢一匹，钱二百。驴行千里，不持尺兵。道路列肆共酒食，以待行人。想见当时之民生富庶，盗贼消弭。其时国家岁入租钱二百余万缗。粟千九百八十余万斛，庸调绢七百四十万匹，绵一百八十余万屯，布千三百五十余万端。义仓所储之粮，在天宝八年时，乃有六千三百余万石。逮于穆宗，义仓之粟，常为人盗用，致使小有水旱，生人坐委沟壑，遂令诸州录事参军专主苟当。苟为长吏迫制，许驿表上闻。考满之日，户部差官交割，如无欠负，与减一选；如欠少者，量加一选。欠数过多，户部奏闻降级科处。

常平之制，起于太宗，于京东西置二仓。开元二年，岁丰，谷价全贱，乃令诸州加时价两三钱籴米，不得抑勒。钱米交相付领，不得悬久。十六年，谷又普熟，以常平本钱及当处物，各于时价上量加三钱，百姓有粜易者为收籴，事须两和，不得限数配籴。天宝八年，其常平仓粮凡四百六十余万石，乱后，废常平制者，垂三十年，至德宗时，京师两市置常平官，兼储布帛。复于江陵、成都、扬、汴、苏、洪等州府，各置常平轻重本钱，多者百万缗，少者亦数十万，随其所宜，积米粟布帛丝麻。又于诸津会置吏阅商贾钱，每缗税二十；竹茶漆十之一，以赡常平本钱。旋以朱泚作乱，军用蹙迫，常平本钱，随之耗竭。贞元九年从张滂言，就出茶州县及茶山外商人要道，以三等定估，十税其一。每税得四十万缗，储诸内府，虽遇水旱，未尝以钱赈赡。陆宣公请以此钱复仓储，奏曰：

> 立国而不先养人，国固不立矣；养人而不先足食，人固不养矣；足食而不先备灾，食固不足矣。宜令转运使总计诸道户口多少，以岁得茶税五十万贯，均融分配，各由当道巡院主事。每至谷麦熟时，即与观察使计会，散就管内州县和籴，便于当处置仓收纳。亦以义仓为名，除赈给百姓以外，一切不

得贷便支用。如时大稔，事至伤农，则优与价钱，广其籴数。谷若稍贵，籴亦便停。所籴多少，与年上下。准平谷价，恒使得中。每遇灾荒，即以赈给。小歉则随事借贷，大饥则录奏分颁。许从便宜，务使周济，循环敛散，以为常制。则蓄财息债者，不能耗吾人；聚敛幸灾者，无以牟大利。富不至侈，贫不至饥，农不至伤，籴不至贵矣。

宣公之议，极中要肯，然以谗逐未付实施，而茶税之入，亦未用于水旱之拯济也。

德宗之后，常平义仓之制，无显著之存废实例，但遇米贵，则出官仓米谷贱价出粜，而官仓之制不详，殆异常平义仓欤？至文宗太和九年，以天下回残钱置常平仓本钱，翌年又令诸州府置常平义仓，通公私田亩，别纳一升，逐年添储。太宗[1]尝问监仓御史崔虞以太仓谷数，虞曰："有粟二百五十万石。"帝曰："今岁费广而所蓄寡，奈何？"于是诏出使郎官、御史督察州县壅遏钱谷者。盖其时豪民侵噬，产业不移户，州县不敢侵役，而税皆出于下贫。至于依富室为奴客，役罚峻于州县。长吏岁辄遣吏巡覆田税，民苦其扰。

和籴之利弊　综观唐代仓储，成于贞观，而盛于开元。自天宝乱后，荡然无存，其言措置本钱，恢复仓储者，皆藉名以济私。大盗屡起，方镇数叛，兵革之兴，累世不息；而用度之数不能节矣。

[1] 疑误，应为文宗。——编者注

加以骄君昏主，奸吏邪臣，取济一时，屡更其制，而经常之法荡然。其更有和粜之制，虽名为备荒济民，然行之不当，扰民害农，莫可言状。开元后，边土西举，高昌、龟兹、马耆、小勃律，北抵薛延陀故地，缘边数十州，戍重兵，营田及地租，不足以供军，于是初有和籴，牛仙客为相，有彭果献策，广开辅之籴，京师粮廪益羡。天宝中，岁以钱六十万缗付诸道和籴，斗增三钱。每岁递输京仓者，百余万斛。米贱则少府加估而籴，贵则贱价而粜，寓调节丰歉之旨于和籴，意至善也。贞元初，吐番劫盟，召诸道兵十七万戍边，关中为吐番蹂躏者二十年。北至河曲，人户几无。诸道代兵月给粟十七万斛，皆籴于关中。陆宣公奏以淮南诸州米每斗当钱一百五十文，从淮入渭桥，每斗船脚又约用钱二百文，计运米一斗，总当钱三百五十文。其米既糙且陈，尤为京邑所贱。据市司月估，每斗只得粜钱三十七文，而已耗其九存其一，馁彼人而伤此农，制事者斯可谓深失矣。请于京中和籴，则一年和籴之数，当转运之二年；一斗转运之资，可当和籴之五斗。减转运以实边，存转运以备时要，江淮米至河阴者罢八十万斛，河阴米至太原仓者罢五十万斛，太原米至东渭桥者罢二十万斛，以所减罢之米，粜江淮水灾州县，斗减五十以救乏。京城东渭桥之籴，斗增时值三十以利农，则计莫善焉。

宣公所言罢转运之利，因涉及唐之漕运制度，故此节略述及之。唐都长安，虽称沃野之区，其所出不足以给备水旱，故常转漕东南之粟。太宗以前，府兵之制未坏，有征行则出兵，无征行则归田，民无所困；且物用有节，水陆漕运岁不过二十万石。高宗以后，岁益增多，江淮漕至东都，以车或驮陆运至陕。因水行来远，多风波覆溺之患，其失常十七八：故率一斛得八斗。陆运至陕，才三百里，率两斛计庸钱千，殊不合经济原则。宣州刺史裴耀卿曰：

江南户口多，虽无征防之役，然送租庸调物，以岁二月至扬州入斗门，四月以后始渡淮入汴，常苦水浅，六七月乃至河口，而河水方涨，须八九月水落始得上河入洛，而漕路多梗，船樯阻隘，江南之人，不习河事，转雇河师水手，重为劳费，其得行日少，阻滞日多，宜仿濒河置仓之制。

遂于河口置武牢仓，巩县置洛口仓，罢陕境陆运。使江南漕舟至河口者，输粟于仓而去。县官雇舟以分入河洛，又置仓于三门东西，漕舟输其东仓，陆运输其西仓；河阴置河阴仓，河西置柏崖仓。自江淮漕者皆输河阴仓，由河阴西至太原谓之北运，自太原仓浮渭以实关中。此法实行以后，三年之中，省陆运佣钱三十余万缗。

明乎漕运之制，则宣公罢转运而主和籴者，其议甚当，惜未尽用其策。宪宗即位之初，有司以岁丰熟，请畿内和籴。当时京畿和籴，多被抑配，或物估逾于时价，或先敛而后给直。府县配户督限，有稽违则追蹙鞭挞，甚于税赋。白居易上疏曰：

和籴之事，以臣所观，有害无利。何者？凡曰和籴，则官出钱民出粟，两和商量，然后交易。今则不然，配户督限，蹙迫鞭挞，甚于正税，何名和籴？今若令有司出钱，开场自籴，比时价稍有优饶，利之诱人，人必情愿；且本请和籴，惟图利人，人若有利，自然愿来。今若除前行之弊，行此之便，是真为和籴利人之道。又必不得已，则不如折籴。折籴者，折青苗税钱，使纳斗斛，免令贱粜，别纳见钱，在于农人，亦真为利。况度支比来所支和籴价钱，多是杂色匹段，百姓又须转卖，然后将纳税钱，至于给付不免侵偷，易货不免损折，所失过本，其弊可知。今若量折税钱，使纳斗斛，则既无贱粜麦粟之费，又无转卖匹段之劳，利归于人，美归于上，则折籴之便，岂不昭然？由是而论，则配户不如开场，和籴不如折籴，亦甚明矣。

元和七年，泽蔡贮和籴之粟四十万石，郑、滑、易、定各十五万石，夏州八万石，河阳十万石，太原二十万石，灵武七万石，振武、丰州、盐州各五万石，凡共百三十万石。长庆四年，关内外折籴、和籴之数，达百五十万石，此皆为较高之纪录。其有因和籴扰人而罢者，仅见诸局部之实行，如长庆元年罢京北、京西和籴，未尝废其制也。

按太宗励精图治，贞观初户不及三百万，绢一匹，易米一斗。至四年，斗米四五钱，人行数千里不赍粮。十五年，米斗仅直两钱。高宗麟德三年，米斗折五文，但至永淳元年，京师水灾，米斗四百钱。禄山乱作，而民食更艰，百姓残于兵盗，又苦于币制贬值，斗米值钱七千。鬻籺为粮，民行乞者属路，虽有宠以爵秩诱赈贫乏之诏，而颠沛离散，未尝稍戢。此足与唐代粮政之得失相对照，迄于五代之乱，而民生更为困苦矣。

第五章 宋代粮政

宋之田制 均田之制既坏，王公百官及富豪之家，恣行并吞，而贫弱者愈不能保其产业，困顿日甚。祸乱相寻，人民流离失所，田园荒芜。宋兴乃有招徕劝课之诏，凡逃户无主、犯罪没入及山野新垦之田，充为官田。（宋代没籍之产甚多，如建炎元年，籍蔡京、王黼等庄为官田。绍兴六年，以贼徒田舍充官田。嘉定元年，以韩侂胄与其他权幸没入之田为官田。）其处分之方法，或募民耕种而官收其租；或出卖于民；（绍兴元年以军事不足，诏鬻官田，承买者免租三年）或充屯田、营田之用。太宗太平兴国中，诏两京、诸路召集余夫分划旷土，劝令种莳，即以所垦之田为永业，官不取租。至道元年，夏诏州县旷土许民请佃为永业。初无兼并之禁，故富者地大业广，阡陌相连，募召浮客，分耕其中。而小农之有田者，惮于差徭之烦，相率以田典卖于形势之家，以图免役。势家得挟田自肥，操奇赢之资，取贫者倍称之息。仁宗虽有诏限公卿以下毋得占田过三十顷，牙前将吏应复役者不得过十五顷，但行之未久，任事者以为不便而废，兼并冒伪，相沿成习，终不能禁也。

神宗以田赋不均，重修定方田之法。以东西南北各千步当四十一顷六十六亩，百六十步为一方。随陂原平泽而定其地，因赤淤黑墟而辨其色，以地及色，定肥瘠为五等，买卖分割，必须由官给契。是为清厘田赋之精确办法，惜行不久而废。更有根括之法，虽为整理田制步骤之一，但困民扰民之弊，实所难免。根括者，系查验民间地主田契，如现在之地主无契，则追究前主，由前主再追究于无契可证时，则迫令立官租。纵有契据矣，又须以乐尺[1]打量，如有盈额与契据不符，则没公增课，是为公田。

南渡以后，军用浩繁，绍兴元年有尽鬻诸路官田以资挹注之诏。守令之赏罚，以卖田多寡为准；又以宽赋役诱人买田，其实行之结果，上田价轻，概为势家所得；下田价重，则无人承买，折配之弊，随之发生，百姓骚动。当时鬻卖官田之策，实因救急用于一时，故不计官失其租之利害。贾似道当国，思有以挽救时弊，行以官品计顷，以品格计数为限田之法。凡官户田产逾限之数，抽三分之一以充公田。遂置买官田所。浙西、平江、嘉兴、安吉、常州、江阴、镇江六郡，买回官田三百五十余万亩，每乡置官庄一所，民为官耕者曰官佃；为官督者曰庄官。然官既得租，而民困仍未苏。《宋史·食货志》曰：

> 浙西田亩有直千缗者，似道均以四十缗买之。数稍多，予银绢；又多予度牒、告身（当时币制名）。吏又恣为操切，浙

[1] 疑为“竿尺”。——编者注

中大扰。有奉行不力者，提领劾之。有司争相迎合，务以买田多为功，皆缪以七八斗为石。更有督买田至以肉刑从事。

德祐元年，诏罢公田，并给田主，但众叛亲离，挽救不及，而宋祚讫矣。

宋之田赋　五代粮赋之政，极为纷歧。有为军人截留自私；有在两税以外妄加科配；而其最大之弊，则为折色本色不能统一。故李琪曰：

> 救人瘼者，以重敛者为病源。料民食者，以惠农为军政。如以六军方阙，不可轻徭。两税之余，犹须重敛。则不以折纳为事，一切以本色输官。又不以纽配为名，止以正耗加纳。犹应感悦，未至流亡。

其征本色之弊，又因奸吏、苛暴而生，薛史[1]《王章传》曰：

> 旧制，秋夏苗租，民税一斛，别输二升，谓之“雀鼠耗”。乾祐中，输一斛者，别输二斗，目之为“省耗”，百姓苦之。又官府出纳缗钱，皆以八十为陌，至是民输者如旧；官给者以七十七为陌，遂为常式。

宋反唐季五代之弊政，故先取征赋之权，统归于转运使。次

[1] 薛史，即薛居正《旧五代史》。——编者注

则定履亩而税之率。考苏辙于元祐间上言曰：

财赋之源，出于四方，而委于中都。故善为国者，藏之于民，其次藏之州郡。州郡有余，则转运司常足。转运司既足，则户部不困。唐制，天下赋税，其一上供，其一送使，其一留州。比之于今，上供之数，可谓少矣。祖宗以来，法制虽殊，而诸道蓄积之计，犹极丰厚。是以敛散及时，纵舍由己。利柄所在，所为必成。自熙宁以来，言利之臣，不知本末之术，欲求富国，而先困转运司；转运既困，则上供不继；上供不继，而户部亦惫矣。故内帑别藏，虽积如山丘，而委为朽坏，无益于算。

观此虽革五代之弊，由地方取回财政权，操诸中央，殊不知地方又有额外诛求之弊。陈傅良曰：

太祖垂裕后人，以爱惜民力为本，熙宁以来，用事者始取太祖约束，一切纷更之。诸路上供岁额，增于祥符一倍。崇宁重修上供格颁天下，率增之十数倍。……秋苗斗斛，十八九归于纲运，皆不在州县，州县无以供，则豪夺于民。于是取之斛面、折变、科敷、抑配、赃罚，而民困极矣。

以资产为本之两税，至宋已不适用，据史载宋田赋之率，虽不甚详，然每亩征取之数，皆在一斗左右。《食货志》谓绍兴三年十月，募佃江东闲田，三等定租，上田亩输米一斗五升，中田一斗，下田七升。《张杓传》亦云，奉新县旧有营田，募民耕之，亩赋米斗五升，钱六十。《游仲鸿传》云，关外营田，亩仅输七升。由表面观之，似较重于唐广德亩税二升之制，但杨炎定两税日，原合并一切租课。自元稹以后，始渐摊之于田，则毋怪乎宋赋之较重也。

五代乱后，百姓失业，故劳徕开垦之策，为当时治标要政。凡州县旷土，许民请佃为永业，仍蠲三年之租，三年以外，输租二分之一。于是京畿十四县，虽民逃达一万二百八十余户，因之归业者十之八九。开宝末年，全国垦田数为二百九十五万三千三百二十顷六十亩，至天禧五年则达五百二十四万七千五百八十四顷三十二亩，足征徕民垦田效果之宏大。至岁赋之类有五，凡官庄、屯田、营田赋民耕而收其租者曰公田之赋。百姓各得专之者曰民田之赋。宅税地税之类曰城郭之赋。牛革蚕桑食盐随其所出，变而输之者曰杂变之赋。计丁率米曰丁口之赋。其输有常处而以有余补不足，则移此输彼，移近输远，谓之“支移”。其入有常物，而一时所须，则变而取之，使其值轻重相当，谓之“折变”。其输之迟速，视收成早暮而宽为之期，夏有至十月，秋有至明年二月者，所以纾民力也。宋兴之初，首务去民疾苦，凡无名苛细之敛，刬革几尽，虽尺缣斗粟，无所增益。其后吏缘为奸，米不及十合而收为升，绢不满十分而收为寸。或定税以钱，而浮收输纳之物；或定额以物，而浮收输纳之钱，所谓“科折”“折变”者，胥钱物两用之弊。故徽宗大观二年诏曰：

天下租赋，科拨折支，当先富后贫，自近及远。乃者漕臣失职，有不均之患，民或受害。其定为令。

盖所谓支移者，乃视地之远近，递迁有无，以便边饷，内郡罕用。间有移用，则任民以所费多寡自择，故或输本色于支移之地；或输脚费于所居之邑。然物有丰匮，价有低昂，估丰贱之物俾民输送，折价既贱，输官必多，则公私乏利。而州县之吏，但计一方之所乏，不计物之有无，责民所无，其患无量。至于支移，徙丰就歉，理则宜然。豪民赃吏，故徙歉以就丰，挟轻货以贱价，输官自倍，而下贫之户，各免支移，估直既高，更益脚费，视富户反重。既以绢折钱，又以钱折麦；以绢较钱，钱倍于绢，以钱较麦，麦倍于钱，展转增加，民无所诉，此所以民愈困于折变支移也。

方田与正经界 方田与正经界为宋代整理土地之两大方策，不可不述其沿革以参照当时之粮政。方田之法，前略述及，而不详其利弊，兹就其实施状况补志于此。凡田方之角，立土为峰，植其野之所宜木，以封表之。有方帐，有庄帐，有甲帖，有户帖。其分烟折产、典卖割移，官给契，县置簿，皆以今所方之田为正。神宗熙宁五年以济州钜野尉王曼为指教官，先自京东路行之，至元丰八年，帝知官吏奉行，多致骚扰，诏罢方田。时天下之田已方而见于籍者为二百四十八万四千三百余顷。徽宗崇宁三年蔡京言曰：

自开阡陌，使民得以田私相贸易，富者恃其有余，厚立价以规利。贫者迫于不足，薄移税以速售，而无下之赋调不平久矣。神宗讲究方田利害，作法而推行之，方为之帐而步亩高下丈尺不可隐；户给之帖而升合尺寸无所遗。以卖买则民不能容其巧，以推收则吏不能措其奸。今文籍具在，请复方田之法。

遂自京西、北两路推行始。宣和元年，臣僚言方量官惮于跋履，并不躬亲，行缠拍峰、验定土色，一付之胥吏，至御史台受诉之案，不下二百余起。有亩方为二十亩者；有二顷九十六亩，方为十七亩者，虔州之瑞金县是也。有租税十三钱而增至二贯二百者；有二十七钱增至一贯四百五十者，虔州之会昌县是也。遂诏罢方田。民因方量流徙者，守令招诱归业。大观二年又复诏行方田，五年又罢，盖外路官吏不遵诏令，辄于旧管税额之外，增出税数，号为蹙剩。其多有一邑之间，及数万者，乃罢其赋税，依未方时旧则，而方田之制亦废。

正经界之说始于诏元[1]二年。工部侍郎李擢曰：

平江府东南有逃田，湖浸相连，塍岸久废，岁失四万三千余斛，乞诏诱流民疏导耕垦。其不可即工者，蠲其额。又郡民之陷虏者，弃田三万六千余顷，皆掌以旧佃户，诸县已立定租课，许以二年归业。圭田瘠薄，民以旧籍为病，愿除其不可耕之田，损其已过多之额。

[1] 疑误，应为“绍兴”。——编者注

十二年,左司员外郎李椿年言经界不正之十害:一、侵耕失税。二、推割不行。三、衙门及坊场户虚供抵当。四、乡司走弄税名。五、诡名寄产。六、兵火后税籍不信,争讼日起。七、倚阁不实。八、州县隐赋多,公私俱困。九、豪猾户自陈税籍不实。十、逃田税偏重,人无肯售。又以平江岁入为七十万斛有畸,今按籍虽三十万斛,然实入才二十万斛,询之土人,皆欺隐之弊,故力主正经界。秦桧、程克俊诸重臣亦皆赞同。翌年,遂以椿年为两浙运副,专委措置经界,要在均平,为民除害,更不增税额。如水乡秋收后妄称废田者,许人告。陂塘塍埂之坏于水者,官借钱以修之。县令、丞之才短者听易。置图写墟亩,选官按覆。令各户各乡造砧基簿,示以赏罚。开谕禁防,靡不周尽。吏取钱者论如法。人户田产不上砧基簿者皆入官。十四年椿年以母忧罢,十七年还任,十九年被劾去职,先后主持经界事者仅五六年,纠正旧弊甚多,惜继其事者未能力行,致废全功。绍熙元年,朱熹知漳州,请行经界,历举其利,民知其不扰而利于己,莫不鼓舞。诏可而未果行,议遂寝。

义仓置废及利弊 考隋唐置设常平义仓之目的,泰半以维持关中民食及赈济京畿灾乱为主,江淮以南,不为注意。宋太祖即位,以多事之后,义仓废寝,岁或小歉,失于预备,遂于建隆四年,诏诸州各县置义仓,以官所收夏秋二税,石别税一斗贮之。自是始全国置仓,不以关中及京畿为限。乾德四年,因诸州义仓,用赈乏绝。重叠输送,百姓烦劳,罢之。仁宗明道二年,诏议复义仓,未果行。景祐中,集贤校理王祺,请令五等上户,随夏秋二税,二斗别税一升,水旱减税则免输。以一中郡计之,正税入十万石,则义仓岁得五千石。州县择便地置仓储贮，领于转运使。有司议论异同，又不果行。庆历初，祺复上其议，仁宗纳之。命立义仓，诏三等户以上输粟，已而复罢。至是宋代义仓置而复废者，已两度矣。皇祐五年，右司谏贾黯乞立民社义仓，论当时之弊曰：

> 今遇水旱，则流离死亡，捐弃道路。发仓廪赈之则粮不给，课粟富人则力不赡，转输千里则不及事，移民就粟则远近交困。赈未发而死者过半矣。

诸路主事者以既有常年足以给赈，不宜又劝课蓄积，更立民社义仓，蹈两重供输之弊，又不果行。至神宗熙宁十年，诏于开封府界，先自丰稔畿县，立义仓法，虽一度遍及京东西、淮南、河东、陕西诸路，但元丰八年又并罢之，至是已三度兴废矣。哲宗绍圣元年，诏除广南东、西路外，并复置义仓。自来岁始，放税二分以上免输。所贮专充赈济，移用者论如法。徽宗宣和五年，令京东、江南、两浙、荆湖诸路义仓谷，各留三分，余并起发赴京，而义仓之制朝庭自坏矣。

宋代义仓之兴废无定，既如上述，其主设置者，自有利国利民之旨，然反对者，亦不能谓为习于暇逸，惮于建设，而自有其积弊害民之处。兹分述当时各方之意见如下：

一、义仓未能当社设置之弊。刘行简奏状云：

> 义仓置于州郡，岁饥散给，山泽僻远之民，不沾其利；力能赴州就食者，所得不偿所劳。……义仓之粟，当于本县村

乡，多置仓窖。自始入粟以及散给，悉在其间。大县七八处，小县三四处，远近分布，俾适厥中。若未有仓窖，或寄存大姓之家，以时检校。遇饥馑时，丞簿尉等分行乡村，计口给。历次第支散，旬一周之，则僻远之民，均受其赐。

赵汝愚录曰：

若劝谕乡间上户，广行出粜，转行常平义仓之米以赈之，殆成虚文。且转移米斛，复多欺弊。乡间之人，终日役役，不能致一钱。幸而得钱，则乡中富户无几，近者数里，远者一二十里，奔走告粜，则已居后。于是老稚愁叹，避荒就熟，轻去乡井。强有力者，寇攘摽窃，无所不至。……将逐州每年合纳义仓米斛，除五分依见行条法随正税州县送纳外，将五分于逐乡置厂。每岁输差上户两名，充社司，掌管收纳。委本县丞检察其欺弊。

盖自隋以来，多置仓于州郡，一有凶饥无状，有司固不以上闻。良有有司敢以闻矣，比及报可委吏属出，而文移反覆，给散艰阻，监临、胥吏相与侵没，其受惠者，大抵近郭力能自达之人，县邑乡遂之远，安能扶携数百里以就升合之廪？能赈者其弊如此，若逢迎上意，不言水旱，坐视流离，无矜恤之心，则国家之大祸由此而起。

二、义仓为官司侵用之弊。夫义仓之谷，既贮于州郡，人民不能过问，则官司之擅行侵用，自属难免，孝宗乾道年间，即有此弊。户部侍郎杨倓奏曰：

义仓在法，夏秋正税，斗输五合，不及斗者免输。凡丰熟县，九升以上，即输一升。惟充赈给，不许他用。今诸州县岁收苗米六百余万石，应合收义仓米数不少，而诸州军皆擅用，请稽之。

宁宗庆元以后，官司侵用义仓之粟，已成惯例。臣僚多以此谏，言曰：

州县交纳苗米，于法，义仓米合于当日支拨，而因循于州用，不复拨还。人户纳苗稍及分数，例多折纳价钱；其带义仓钱，并不许拨，此因纳苗而失陷义仓也。至如绍兴府人户，就行在省仓送纳湖田米，其合纳义仓，多不催理，此因湖田纳米而失陷也。如淮、浙盐亭户，纳盐以折二税，其合纳义仓，多是不曾拘催，此因纳盐而失陷也。常平失于兑换，因致陈损，此失仓庾陈腐之弊也。常平专法，主管官替移，无拖欠失陷，方与批书离任。今公然兑借，阳为自劾，更不补还，此州县兑移之弊也。常平和籴，合专置仓廒。今州县多因受纳，以收到出剩，拨归常平仓，赢落价钱，此收籴官吏之弊也。

理宗嘉熙四年，又诏诸路核所部州县常平义仓之储，以备赈济。

当时官吏惧赔补,又转而取偿于民,故景定元年赦诏有云:

> 诸路已粜义米价钱,州郡以抵价,抑令上户补籴。正税逃阁,义米用亏。常平司责县道赔纳,县道遂敷纳吏贴、保正长、揽户等人均纳。自今视时收籴。见系吏贴等人赔纳之钱,并与除放。

嘉定十一年,定义仓谷存储办法,凡上户所纳,输之于州,下户所纳,输之于县。考其盈亏,以为殿最。盖因免里贴收系责赔,而有此义仓输官之法也。当时臣僚曰:

> 顷岁议臣有请计义仓所入之数,除负郭县就输纳外,除令逐县置数,自行收受。非惟革州县侵移之弊,抑亦省凶年搬转之劳。曩时州仓随苗带纳,同输一钞。今正苗输之州,义仓输之县,则输为两输,钞为两钞矣。曩时鼠雀之耗蠹,吏卒之需求,一切倚办于正税,而义仓不预焉。今付之于县,既无正税,独有此色,耗蠹需求,又不能免矣。于是议臣有请令人户义仓,仍旧随从便就州,作一钞输纳,而州县复有侵移之弊。臣闻绍兴初,台臣尝请通计一县之县,截留下户苗米于本县纳,开禧初,议臣之请亦如之。盖截留下户之税米,以补一县之义仓,其余上户,则随正税而输之州,州得以补偿其截留下户之数,州不以为怨。县得此米别项储之,以备赈济,使穷民不致于艰食,则县不以为挠。一举而三利得,此

上策也。惟自负郭之义仓，则就州输送，自如旧制。致于属县之义仓，则令丞同主之。每岁岁终，令丞合诸乡所入之数，上之守贰；守贰合诸县所入之数，上之提举常平；提举常平合一道之数，上之朝庭。令丞替移，必批印纸，考其盈亏，以议殿最。

上，从之。盖理宗之世，义仓困民最苦。官吏巧立名目，征敛无餍，又有所谓“外义”之征。景定年，监察御史程元岳奏曰：

今之所谓“外义”者，绢紬豆也。岂有绢紬豆而可加之义乎？……州县一意推剥，一切理苗而加一分之义。甚者赦恩已蠲二税，义米依旧追索。贫民下户，所欠不过升合，星火追呼，费用不知几百倍。破家荡产，鬻妻卖子，怨嗟之声，有不忍闻。

按义仓之设，自民而入，自民而出。名之以义，则寓至公之用；置之于社，则有自便之利。苟社仓转而县仓，民始不与，已为官吏之移用；县仓转而郡仓，民益相远，更为军国之资费。故宋自中兴以来，虽有义仓之美名，并无实惠。民实出粟，而官吏敛之，箩头斛面，盈取浮收，虽景定时有减时价粜常平义仓米二百余万石之诏，终不能拯人民于水火。

常平惠民广惠折中诸仓之设置　宋之设常平仓，始于第一次义仓兴而复废之后。淳化三年，京畿大稔，分遣使臣于四城门置场增价以籴，较近仓贮之。真宗景德三年，始于京东西、河北、河东、陕西、江南、淮南、两浙，皆立常平仓。特设司农寺以主其事，法制亦较前代为详。计州郡户口多寡，量留上供钱自二三千贯至一二万贯为籴本。夏秋视市价量增三五文以籴，粜则减价亦如之，惟所减不得过本钱。其地方有万户者，岁籴万石以贮，户虽多，以五万石为限。如三年以上不粜，即回充粮廪，易以新粟。地方管理之责，由转运使择请干官主之，中央则由司农寺主之。所储之粮，三司不得移用。天禧四年，又于荆湖、川陕、广南诸地置仓。翌年，诸路总籴数十八万三千余斛。仁宗景祐初，常平钱粟，改由诸路转运使与州长吏举所部官掌之。其后遂有州郡移用之事，乃诏止之。不数年而常平之积有余，而兵食不足。命司农寺出常平钱百万缗，助三司给军费。久之，移用数多而蓄藏无几。神宗熙宁二年，以常平敛散，未得其宜，改行青苗法。哲宗元祐元年，又诏提举官，以累年积蓄钱谷财物，尽作常平仓钱物，委提点刑狱交割主管，依旧行常平仓法。当时司马光主复常平颇力，其言曰：

> 向者有因州县阙常籴本钱，虽遇丰岁，无钱收籴。又有官吏怠慢，厌籴粜之烦，虽遇丰年，不肯收籴。又有官吏不能察知在市斛斗实价，只信凭行人与蓄积之家通同作弊。当收成之时，农人要钱急粜之事，故意小估价例，令官中收籴不得，尽入蓄积之家，直至过时，蓄积之家仓廪盈满，方始添价，中粜入官。是以农夫粜谷，只得贱价；官中籴谷，常用贵价，

厚利皆归蓄积之家。又有官吏虽欲趁时收籴,而县申州,州申提点刑狱,提点刑狱申司农寺,取候指挥,比至回报,动涉累月,已至失时,谷价倍贵。是致州县常平仓斛斗有经隔多年,在市价例,终不及元籴之价,出粜不行,堆积腐烂者,此乃法因人坏,非法之不善也。

常平行之未久,又再立常平谷钱给敛出息办法,限二月或正月以散,及一半为额,民间丝麦丰熟,随夏税纳所输之半,愿并纳者止出息一分。高宗绍兴二年,仍复常平仓,讲补助之政,以广储蓄。九年,以常平钱于民输赋未毕之时,悉数和籴。其后亦有请留和籴以续常平,然皆所蓄有限,庆元以后,流弊更多。

周世宗显德时,曾以杂配钱(即正税外之杂税收入)分数折粟贮之,岁歉减价出以惠民,曰惠民仓。宋存其法,故太宗淳化五年,令天下置惠民仓,如谷稍贵,即减价粜与贫民,不过一斛。真宗咸平二年,诏诸路申淳化惠民之制,而常平惠民仓殆遍天下矣。仁宗嘉祐二年,诏天下置广惠仓。初,凡没入绝户田,官自鬻之。枢密使韩琦请留勿鬻,募人耕,故其租而别贮之仓,以给州县郭内之老幼贫疾不能自存者。领以提点刑狱,岁终,具出纳之数,上之三司。户不满万,留田租千石,万户倍之,户二万,留三千石。三万留四千,四万留五千,五万留六千,以此类推,及十万仍留万石,有余则鬻如旧。四年,改隶司农寺,州选官二人主出纳,岁十月遣官验视,应受米者书名于籍。自十一月始,三日一给,人米一升,幼者半之,次年二月止。有余乃及诸县,量大小均给之。淳熙四年，青苗法行，诏卖广惠仓田。哲宗虽诏复广惠仓，但章惇用事又罢之，卖其田如熙宁法。

折中仓之制，始于太宗端拱二年。初，许商人输粟，优其价，令执券抵江淮给其茶盐，每一百万石为一界。真宗以后，西北用兵，粮储更缺，以大量茶盐货物，召商人入中。而奸商黠贾，遂至低价估货，高价入粟。国家急仰军储，又法令素宽，不能杜其弊。后虽粜之于民，以免商贾操纵之病，但计其家产而均敷，量其蓄积而括索，甚至或不偿直而强敷其数，入中之制益坏。

青苗法之利弊　王安石相神宗，讲求新政，欲行青苗法。苏辙以为不可，谏曰：

> 以钱贷民，使出息二分，本非为利，然出纳之际，吏缘为奸，法不能禁。钱入民手，虽良民不免非理费用。及其纳钱，虽富民不免违限。如此则鞭笞必用，州县多事矣。

时河北转运司王广廉，尝奏乞度僧牒数千道为本钱，私行青苗法于陕西，颇收宏效，与安石原意不谋而合，主行青苗法于全国，奏曰：

> 诸路常平广惠仓钱谷，略计贯石可及一千五百万以上。敛散未得其宜，故为利未博。今欲以现在斛斗，遇贵量减市价粜，遇贱量增市价籴，可通融转运司苗税（时征米曰苗税）及钱斛就便转易者，亦许兑换，仍以见钱依陕西青苗钱例，愿

预借者给之。随税输纳斛斗,半为夏料,半为秋料。内有请本色,或纳时价及钱者,皆许从便。如遇灾伤,许展至次料丰熟日纳,非惟足以待凶荒之患,民既受贷,则转运之家,不得乘新陈不接以邀倍息。又常平广惠之物,收藏积滞,必待年凶物贵,然后出粜,所及不过城市游手之人。今通一路有无,贵发贱敛,以广蓄积,平物价,使农人有以赴事,而兼并不得乘其急。凡此皆以为民,而公家无所利其入。是以先王散惠兴利以为耕敛补助之意也。欲量诸路钱谷多寡,分遣官提举,每州选通判幕职官一员,典干转移出纳。仍先自河北、京东、淮南三路施行,俟有绪,推之诸路。其广惠仓除量留给老疾贫穷人外,余并用常平仓转移法。

诏可。于是青苗法遍及全国,而常年广惠之储空矣。

按青苗法初意,系将籴本转贷于农民,以杜兼并。春贷十千,随夏税缴还。秋贷十千,年终还缴。每期各纳息钱二千。是钱十千,年纳息四千也。乡户自一等而下,皆立借钱贯陌。三等以上,更许增倍。坊郭户有物业胜质当者,亦依乡户例支借。富民不愿取贷,贫者乃欲得之,遂令随户等高下品配。又令富贫相兼十人为保,富人为之魁。一等给十五贯,二等十贯,三等五贯,四等一贯五百,五等一贯,民喧然以为不便。青苗钱既不论富户及坊郭业户,均须贷借,致令兼并之家益得兼并。以上户为之甲头,而有同保均赔之患。下等与无业客户,借后必难催纳,而有行刑督索之害。正月放夏料,五月放秋料,当即收取息钱,终身世世,一岁

尝两输息钱。各郡又为之规定贷额,故有抑配之弊。是以反对实行者甚多,韩琦曰:

乡村三等以上及坊郭有物业抵当者,乃从来兼并之家也。今皆多得借钱,每借一千,令纳千三百,则是官放息钱,与初济困乏之意,绝相违戾,欲民信服,不可得也。且愚民一时请借甚易,纳则甚难。故自制下以来,官吏惶惑,皆谓若不抑散,上户必不愿请,下户典无业户,或愿请而将来必难催纳。若谓陕西尝放青苗钱,官有所得而民以为便者,此乃转运司因军储有阙,适自冬涉春,雨雪及时,麦苗滋盛,决见成熟,行于一时可也。今乃差官置司以为每岁当行之法,而取利三分,岂陕西权宜之比哉?

司马光曰:

民之富者皆不愿取,而贫者乃欲得之,提举官欲以多散为功,故不问贫富,各随户等抑配与之。富者与债仍多,贫者与债差少,多者至十五缗,少者不减十钱。州县官吏恐以逋欠为贫,必令贫富相兼共为保甲,仍以富者为之魁首。贫者随手得钱皆尽,将来粟麦小有不登,二税且不能输,况于息钱?吏督之急,则散之四方,富者不去,则独偿数家所负。力竭不逮,则官必为之倚阁。春债未了,秋债又来,历年浸深,债负益重。或值凶年则流转死亡。幸而丰稔,则州县之吏,并催积年所负之债，是使百姓无有丰凶，长无苏息之期也。

欧阳修曰：

四野蠢然，安知周官泉府为何物？但见官中放债，每钱一百文要二十文利耳。臣愚以为必若天下晓然知非为利，则乞除去二分息，但纳本钱。

时知山阴县陈舜俞不肯奉行，移状自劾曰：

正月放夏料，五月放秋料，而所敛亦在当月，百姓得钱便出息，输纳实无所利。

熙宁七年，帝以久旱为忧，疑新法不便，遂诏天下常平钱谷，留常一半外，方得给散。凡两经倚阁常平钱人户，不得支借。民间非时阙乏，许以物产为抵，依常平限输纳。当输而愿输谷及金帛者，官立中价示民。物不尽其钱，足以钱；钱不尽其物者，还其余直。元祐元年，复旧常平仓法，罢各县专置主簿，旋又从范纯仁之请，复散青苗钱，限二月或正月以散及一半为额。民间丝麦丰熟，随夏税先纳所输之半，愿并纳者止出息一分。于是群臣交章谏复行青苗法之非，皆不报。

按条例司所请随租纳斛斗，如以价贵愿纳钱者听，是未尝专欲敛钱也。又曰凡以为民，公家无所利其入，是未尝取息也。又曰愿给者听，是未尝行抑配也。而青苗之为民害者，则曰征钱取息与抑配，盖实行之际，未依所请之法耳。故朱熹论之曰：

> 青苗立法之本意，未尝为不善，但其给之也以金而不以谷；其处之也以县而不以乡；其职之也以官吏而不以乡人士君子；其行之也以聚敛亟疾之意，而不以惨怛忠利之心。是以王氏能行于一邑，而不能行于天下也。

社仓之组织与推行　社仓即本隋长孙平所建义仓之意，其后改变办法，移设州郡，官吏管理，并按亩随赋纳缴社本，渐失当社置仓，及由乡民士君子经营之原义。讫宋孝宗时，赵汝愚、刘行简等鉴于官办义仓之扰民，屡请恢复社仓，皆不果行。至乾道四年，朱熹之故居崇安县开耀乡饥。向建宁府借常平米六百石，设置社仓。由熹与本乡土居朝奉郎刘如愚，共任赈济，夏受粟于仓，冬则加二计息以偿，自后逐年敛散，或遇小歉，即蠲其息之半，大饥即尽蠲之。历十四年，支息米造成仓廒三间收贮，将原数六百石还府，见管米三千一百石以为社仓，不复收息，每石只收耗米三升。故一乡四十五里之间，虽遇凶荒，人不阙食。熹遂请依义役体例，行下诸路州军。晓谕人户，有愿依此置立社仓者，州县量支常平米斛，责与本乡人户主执敛散，每石收息二斗，仍差本乡土居或寄居官员士人有行义者与本县官同共出纳。收到息米十倍本米之数，即送原米还官，将息米敛散，每石只收耗米三升。其有富家愿出米作本者,亦从其便。息米及数,亦与拨还。如有乡土风俗不同者,更许随宜立约,申官遵守,实为久远之利。其不愿立仓处,官司不得抑勒,则亦不至骚扰。孝宗从其言,诏诸路仿行其法,而住从民便。

社仓之组织极为严密,兹录其重要规则如次:

(一)凡借贷者十家为甲,甲推其人为之首。五十甲则本仓自择一公平晓事者为社首。

(二)逐年十二月,分委诸部社首保正副,将旧保簿重行编排。其间有停藏逃军及作过无行止之人隐匿在内,仰社首觉察,申报尉司追捉解县根究。其引致之家,亦一例断罪。次年三月内,将所排保簿,赴乡官交纳。乡官点检,如有漏落及妄有增添一户一口不实者,即许人告,审实申县,严行根治。如无欺弊,即将其簿,较算人口,指定米数,大人若干,小儿减半。候至贷日,将人户请米状揓对批填,监官依状支散。

(三)逐年五月下旬,新陈未接之际,于四月上旬申府,依例给贷。仍选差本县清强官一员,人吏一名,斗子一名前来,与乡官同共支贷。

(四)申府差官讫,一面出榜排定日期,分都支散。(先远后近,一日一都。)晓示人户。(产钱六百文以上,及自有营运衣食不阙者,不得请贷。)各依日限具状结保。正身赴仓请米,仍由社首保正副队长等赴仓认识面目,照对保簿。如无伪冒重叠,即与签押保明。其日,监官同乡官入仓,据状依次支散。其保明不实别有情弊者，许人告首，随事施行。其余即不得妄有邀阻。如人户不愿请贷，亦不得妄有折勒。

（五）收支米仍用淳熙七年所制之新漆黑官桶及官斗，由斗子依公平量。其监官乡官人从，逐厅只许两人入中门，其余并在门外，不得近前挨拶搀夺。人户所请米斛，如违，许被扰人当厅告覆，重作施行。

（六）丰年如遇人户请贷官米，即开两仓，存留一仓，若遇饥歉，则开第三仓，专赈贷深山穷谷耕田之民，庶几荒丰赈贷有节。

（七）人户所贷官米，至冬纳还。（不过十一月下旬）先于十月上旬定日申府，依例差官，将带吏斗前来，公共受纳，两平交量。旧例，每石收耗米二斗，今更不收耗米，又虑废米折阅，无所从出，每石量收三升，准备折阅及支吏斗等人饭米。其米正行附历收支。

（八）申府差官讫，即一面出榜排定日期，分都交纳。（先近后远，一日一都。）由社首队长报告保头，保头报告人户，递相纠率，造一色干硬糙米，具状赴仓交纳。（同保共为一状，未足，不得交纳。如保内有人逃亡，即同保均备纳足。）监官乡官吏斗等人，至日赴仓受纳，不得妄有阻节，及过数多取其余，并依给米，约束施行。（其收米人吏斗子，要知首尾，次年夏支贷日，不可差换。）

（九）收支米讫，逐日转上本县所给印历，事毕□，具总数申府县照会。

(十) 每遇支散交纳日,本县差到人吏一名,斗子一名,社仓算交司一名,仓子两名。每名日支饭米一斗(约为时半月),发遣裹足米二石,共计米十七石五斗。又贴书贴斗各一石,亦各支饭米日斗(约半月),发遣里足米六斗,共计四石二斗。县官人从七名,乡官人从十名,每名日支饭米五升(十日),共计米八石五斗。以上共计米三十石二斗。一年收支两次,共用米六十石四斗。逐年盖墙,并买藁荐,修补仓廒,约米九石,通计米六十九石四斗。

(十一) 社仓支贷,交收米斛,合系社首保正副告报队长保长,队长保长告报人户。如阙队长,许人户就社仓陈说,告报社首,依公差补。如阙社首,即申尉司定差。

(十二) 簿书锁钥,乡官公共分掌。其大项收支,须监官签押。其余零碎出纳,即委乡官公共掌管。务要均平,不得徇私容情,别生奸弊。

(十三) 如遇丰年,人户不愿请贷,至七八月而产户愿请者听。

(十四) 仓内屋宇什物,由守仓人常切照管,不得毁坏及借出他用。如有损失,乡官点检,勒守仓人赔偿。如些小坏,逐时修整。大段改造,临时具因依申府乞拨米斛。

社仓之基本原则,为人民之自动组织,既不受官方之抑配,又不许为官方移作他用。而行之稍久,法制败坏,或主者倚公以行私;或官司移用而无给;或拘纳息米而未尝免除;甚者催索无异正税，良法美意，胥此失焉。理宗淳祐三年，诏申严郡县社仓科配之禁。其后社仓之弊更多，司事者仅贷有田之家，而力田之农反不得沾其实惠。又广德军官置社仓，民困于纳息，再以息作本，民穷至自经。时人以为朱熹之法，多不敢议，独黄震直言指其弊曰：

朱子之法，社仓归于民，而官不与。官虽不与，而有纳息之患，是亦困民也。

乃别买田六百亩，以其租代社仓息。非凶年不贷，而贷者不取息。

和籴政策之弊　和籴之始，前章已详言之，宋循未改。太祖建隆初，以河北连岁大稔，命使置场，增价市籴以实边，此后习以为常。虽随当时当地之实情，在方法上稍有差异，但其目的总不外因粮储缺乏，敛集民仓以充边备军糈耳。河东和籴，随常赋输送，其直多折色。江淮湖浙诸州，则置场和籴。京东西、陕西、河北阙兵食时，州县括民家所积粮市之，谓之推置。取上户版籍，酌所输租而均籴之。如户当输税百石者，又科百石，谓之对籴。神宗熙宁以后，籴法更繁，兹举其要者于次：

坐仓　以诸军储粮愿粜入官者，计价支钱，复储其米于仓。熙宁二年以来，行之最广。大都因小郡缺米，而库有余钱，乃反就军人籴米，以给次月之粮。元符以后，有低价折勒之弊，禁止之。

博籴　熙宁七年，以河北常平及省仓岁用余粮减直，听民以丝绵绢绫增直博买。此为以余粟博买丝绵之属。崇宁五年,陕西钱重物轻,以银绢丝紬之类,博籴斛斗,以平物价。此为以丝绵之属博买粟谷,与熙宁七年之法相反。

结籴　熙宁八年,刘佐体量川茶,因便结籴熙河路军储,得七万余石。大都为散官或浮浪之人缔结籴量,故有经年方输及负欠之弊。崇宁初蔡京行于陕西,尽括民财以充数。五年乃罢。

寄籴　商入人中,岁小不登,必邀厚价,遂将边郡所籴之米,散存于内郡,以权轻重。

俵籴　度量民田收入多寡,预给钱物,于秋成后入粟边郡。

兑籴　熙宁元祐间尝以麦熟,下令州郡及时广籴,后价若与本相当,即许变转兑籴。

均籴　括索嬴粮之家,量存其用,尽籴入官。

括籴　政和元年,童贯行均籴于陕西。系以所籴之数,就人户家业田土顷亩均敷之。上等户均敷数多,下等数少。先令入斛米,后给其直。因此有已籴而不偿其直者,亦有坊郭之人素无斛斗而须外籴者;亦有不度州县之力,敷数过多,致一户而籴数百石者。

南渡以后,和籴之法仍存,官吏为奸,弊端百出。综当时臣僚所奏者,可得下列各弊端之要点:一、不问人户之有无,概以税钱均敷。二、州县各以水脚耗折为名,格外收米什之二三。三、公吏斗脚,百方乞觅,量米有使用,请钱有糜费。四、法令上许以关(引当时币制),但偿价输官,官多拒不收。五、和籴抛降有定数,而州县额外倍科。降籴本于州县,而州县什不支一二。六、州县受纳苗米,本禁多收加耗,但仍溢收。以浮收者为和籴之米,而官收所得之钱。七、和籴米价,例依秋成米价低贱时申报,及至输米,价格已贵,官司以事干朝庭,不再奏增。人民受钱于米贱之初,而输米于价增之后,受累颇大。八、收籴之际,官吏互遣人四处收买,以相倾夺。于是米价上涨,害及民食。九、各州县和籴米量,有不待朝庭抛降,预行多敷。及临期富室大家以赂得免,中产下户,实受均敷之害。基于上述各点之原因,故民与官为市,视为遇途,畏官而复虐于官,宁闭户以失利,毋价困以贾害,市之价增而官之价减矣。且市无斛面,又无他费,粟出即可得钱,而官则监临者多,诛求无厌,又无现钱,纵得之,又有钱陌不足之弊。是和籴之行,荒歉未得其利,而丰年已受其扰矣。

灾荒救济与粮政　宋之为政,本于仁厚,故赈恤之意,视前代尤为切至。《宋史》所载,极为详尽。遇岁不登,则发常平惠民诸仓之粟,或平价以籴;或贷以种食;有不足者,则遣使驰传发省仓;或转漕粟于他路;或募富民出钱粟而酬以官爵。又不足,则出内藏奉宸库金帛以济。其租赋未入,入未备者,或纵不取,或寡取之,或倚阁以待丰年。宽逋负,休力役。薄关市之征,除车舟之算,凡利有与民共者不禁。

其主要之基本救灾政策,已详前节所述之常平、惠民、广惠及义仓、社仓诸制,而本节所论,则为消极之临时救济,因其略关粮政，故附以当时对于此项政策得失之评论焉。

宋代之临时救济办法，以施粥为主要措施，吏籍所载，总计不下四百余次。究其施粥之策，是否合理，当时臣僚论者颇多，兹择其要者录于次：真宗五年，两浙提刑钟离瑾奏以百姓阙食，官设糜粥，民竞赴之，有妨农事，遂代以米。旋又改为设粥厂以济民食，富弼曰：

前此救灾者，皆聚民城郭中，煮粥食之，饥民聚为疾疫及相蹈籍死，或待次数日不得食，得粥皆僵仆，名为救人而实杀之。

庆历时，河北水灾，隳城郭，坏庐舍，百姓暴露乏食，有司发仓廪与之粟，壮者人日二升，幼者半之。曾巩评之曰：

百姓患于暴露，非钱不可立屋庐。患于乏食，非粟不可以饱。今发仓廪之粟，使其日待二升，势必不暇乎他，为是农不得复修其畎亩，商不得治其货贿，工不复得利其器用，闲民不复得转移执事，一切废弃，而专意于待升合之食，以偷为性命之计，是直以饿殍之义养之，非深思虑远为百姓长计也。以中户计之，户为十人，壮者六人，月当受粟三石六斗，初者四人，月当一石二斗，率一户月当受粟五石，自今至于来岁麦熟凡十月，一户当粟五十石。今被灾者十余州，州以二十万户计，中以上及非灾害所被，不仰给官食者去其半，则其余仰食县官者十万户，当为五百万石。则何以办此？且给援之

> 际，有淹速，有均否，有真伪，有集会之扰，有察辨之烦，措置一差，皆足致弊。若赐之以钱五十万贯，贷以粟一百万石，使其得钱以完其居，得粟以给其食，则两利备矣。

东莱吕氏论荒政曰：

> 移民易粟，孟子指为苟且之政，秦汉以下则为善政。汉武诏令水潦移于江南方，下巴蜀之粟致之江陵。唐西都，至岁不登，则幸东都，高祖至于明皇，不特移民就粟，而高宗更有逐粮天子之称。……至于移民就粟，不过以饿殍之养养之而已，若设糜粥，其策又下矣。先王有预备之政，上也；使李悝平粜之法，次也；所在蓄积有可均之处，使之流通移民移粟，又次也；咸无焉，设糜粥为最下也。

其更有不减谷价而达救荒之旨者，亦为粮政之特殊措施，虽不足以为常法，但可供策略之参考。熙宁中，两浙旱蝗，米价踊贵，饿死者十五六，诸州皆榜衢禁人增米价。时赵清献公抃知越州，独榜衢路，令有米者增价以粜，于是诸州之米商辐辏诣越，米价因来源涌至而更贱，民无饿死者。

第六章　辽金元之粮政

田制略述　辽沿契丹遗俗，尚未脱游牧生活之习惯，太祖以后，始定田制。沿边各置屯田易田积谷以给军粮，在官斛粟不得擅贷；在屯者力耕公田，不输税赋，此公田之制也。余民应募，或治闲由田，或治私田，则计亩出粟，以赋公上，此在官闲田制也。又许太行山前后及密灵[1]、燕乐等县占田置业入税，此私田制也。至于各部大臣随从征伐者，俘掠人户，自置郛郭为头下军州，凡市井之赋，皆归军州，惟酒税赴纳上京，此又极类似春秋采地之制也。

金与南宋相先后，灭辽侵宋，入主中原，惟以异族当政，虑不见服于汉人，故徙女直、奚、契丹人分屯中州，因待遇之差异而田制之实施，亦略有别。率领金人入徙者，千夫之长曰猛安，百夫之长曰谋克，总其名曰猛安谋克户。所输之税曰牛具税，以每杀牛三头为一具，限民二十五口，受田四顷四亩有奇，岁输粟不过一

[1] 疑误，应为密云。《辽史·食货志上》：“又诏山前后未纳税户，并于密云、燕乐两县，占田置业入税，此私田制也。”（中华书局1974年版，第926页。）

石。官民占田，无过四十具。其所受官田之来源，或为荒闲牧地，或为逃户绝户之田，世宗时更有指民田为官地，任意拘括之举。除受田猛安谋克户以外，亦许民请垦荒地，以最下第五等减半定租，八年始征之。作己业者，以第七等减半为租，七年始征之。自首冒比邻地者，输官租三分之二。佃黄河退滩者，次年纳租。旋因小民不为久计，至纳租之时，多巧为避匿，或复告退，遂改为请佃者免三年，作己业者免一年，自首冒佃并请滩地者，令当年输租，以为永制。

汉人与猛安谋克户既因待遇不同，故日常生活亦悬殊特甚。猛安谋克户骄纵万分，不堪任畎亩之劳，且以酗饮游荡为务。世宗曾谓宰臣曰：

> 猛安谋克之民，骄纵不亲稼穑，不令家人农作，尽令汉人佃莳取租而已。富家尽服纨绮，酒食游宴，贫者争慕效之，欲望家给人足难矣。近已禁买奴婢，约其吉凶之礼。委官阅实户数计口授地，必令自耕。力不赡者，方许佃于人。

当时官敛既暴，而军户又恃势欺侵，汉人所受压迫，日甚一日，故金之衰乱，人民争屠猛安谋克户以泄愤。

金初大定四年，世宗以师旅之余，民之贫富变更，赋役不均，乃遣信臣泰宁军节度使张弘信等，分路通检天下物力而差定之，以革前弊，俾元元无不均之叹。凡监户事产除官所拨赐之外，百姓有税田宅，皆在通检之列。诸使以苛酷多得物力为功，残暴妄加民产业数倍，民有来申诉者，则血肉淋漓，甚者即殒杖下。五年，有司奏诸路通检不均，诏以户口多寡，及富贵轻重适中定之，仍不平。乃定通检地土等第税法，令集耆老，推贫富，验土地牛具奴婢之数，分为上中下三等，十年一推。至宣宗时，臣僚有欲行岁阅民田征租之议，参知政事高汝砺力争不可，其言曰：

每岁检括，则夏田春量，秋田夏量，中间杂种，亦且随时量之，一岁之中略无休息。民将厌避，耕种失时，或止耕膏腴而弃其余，则所收仍旧，而所输益少，一不可也。检括之时，县官不能家至户到，里胥得以暗通货赂，上下其手，虚为文具，转失其真，二不可也。民田与军田犬牙相错，彼或阴结军人，以相冒乱，而朝庭止凭有司之籍，倘或临时少于元额，则资储阙误必三不可也。

议遂寝，仍十年一推，凡各乡之众寡，六畜车辇办物行证之制详矣。

区田之法，见于嵇康《养生论》，历代未有用者，金明昌时曾试行之。徐光启《农政全书》曰：

旧说区田地一亩阔十五步，每步五尺，计七十五尺。每行占地一尺五寸，该分五十行。长十六步，计八十尺，该分五十三行。长阔相接通二千六百五十区，空一行，种一行；又于所种行内，隔一区种一区。除隔空外可种六百六十二区，每

> 区深一尺，用熟粪一升，与区土相和，布谷均覆，以手按实，令土种相著，苗出看稀稠存留锄，不厌烦。旱则浇灌，结子时，锄土深壅其根以防大风摇摆。古人依此布种，每区收谷一斗，每亩可收六十石。今人学种可减半计，虽山陵倾阪及田丘城上皆可为之。

明昌三年，宰执论行区田法，帝恐农民不达，有废田功，先试种于城南之地，委官监察，略见收成之利，遂推行较广，验人丁地土多少定数，令农田百亩以上，如濒河易得水之地，须区种三十余亩，无水之地，则从民便。男年十五以上六十以下有土田者，丁种一亩，丁多者五亩止。行之不及二年，尚书省奏区田之法，本欲利民，或天旱始用之，仓卒施功，未必有益，且五地方肥瘠不同，使皆可以区种，农民见利自当勉以致之，不然督责虽严，亦徒劳耳。后令所在长官及按察司随宜劝谕，亦竟不能行。

元兴漠北，沿蒙古不待蚕而衣不待耕而食之习，土地观念甚为薄弱，后因疆域达阔，用兵范围日广，为适应事实上之需要，故屯田之制，较前代为详。《兵志》云：

> 国初用兵征讨，遇坚城大敌，则必屯田以守之。内而各卫，外而行省，皆立屯田，以资军饷。故天下无不可屯之兵，无不可耕之田。

屯田之辖于枢密院、大司农、中书省者，几遍及全国。此外外官尚有职田，武宗至大二年，改外官职田为给禄米俸钞，拘其田以入官。初以官田分赐臣下，纪传所载甚多。（如至元十八年赐郑温常州田三十顷，二十一年赐相威近郊田二千亩，二十二年赐李昶、徐兴隆田各十顷，赐安南国王陈益稷田五百顷，至顺元年赐鲁国大长公主平江稻田一千五百顷，至正九年赐公主不答昔儞田五百顷等，共计达十万六千四百八十顷八万三千亩。）大德十一年，令诸赐田悉还官。元又有学田及贡士庄田，以供祭祀及师生廪食，其法旋废。至其所谓官田，仍以续没田，回买民田充之，皆依私租例入民佃种，殊为民害，甚者实无其田而民出公田之租。

整理田制之法，略异于宋之方田。先期揭榜示民限四十日以其家所有田自实于官，凡以熟为荒，以田为荡，或隐占逃亡之产，盗官田为民田，指民田为官田，及僧道以田作弊者，并许人首告。十亩以下，其田主及管干佃户皆杖七十七；二十亩以下加一等，一百亩以下一百七十亩以上，流窜北边，所隐田没官。郡县正官不为查勘，致有脱漏者，量事论罪，重者除名。自实之法，极似土地陈报，但行之不当，反贻民害。当时遣官经理不得其人，竟有括田增税，迫民夷墓扬骨以增顷亩。虽一面括民之田，一面令赏赐之田还官，但赐于寺观者仍多。

田赋概述　考《辽史》修于元代，距辽亡有年，故食货之志不甚详。从片断记载中，稽其出赋方式，颇类古制。前节所述之在官闲田及私田，皆计亩而赋，有似于古之贡法。除计亩出粟而外，亦有借力代耕之举。《食货志》云：“在屯者力耕公田，不输税赋。"此又有当于古之助法矣。惟豪富之规避田赋,有甚于宋,虽定法贵族大王坐赋调不均者,以木剑挞背而释之,然终辽之世,未革其弊。故《金史·太宗纪》载天会三年诏曰:"昔辽人分士庶之族,赋役皆有等差,其悉均之。"辽之季世,田赋则用钱额,民输税,斗粟折五钱。金人侵略,国帑日虚,遂重敛于民,致有通、祺、双、辽四州之民八百余家,诣咸州降金之变。

辽亡金继,介于南宋北宋之间,其文物制度,较辽为备。有官田输租,私田输税之制。租之制不传,税制大率分田之等为九而差次。夏税三合,秋税亩取五升;又纳秸一束,束十有五斤。夏税六月止八月,秋税十月止十二月。为初中末三限,三百里外,纾其期一月。又考大定二年,魏子平答世宗之问曰:

古者什一取其公田之入,今无公田,而税其私田。为法不同。古有一易再易之田,中田一年荒而不种,下田二年荒而不种,今乃一切与上田均税之,此民所以困也。

此则税无科则也。又《金史》载新蔡等县赋民,以牛之多寡为差,民多匿而不耕,是又未尝以亩定税也。此外更有浮收抑配之弊,臣僚刘炳者,上便宜十事,有曰:

今众庶已敝,官吏庸暗,贪暴昏乱,与奸为市。公有斗粟之赋,私有万钱之求。远近嚣嚣,无所控告。百姓多逃而逋赋皆折配见户。

是金之税率未依定制，亦极混乱。

元之取民，大抵以唐为法。其取于内郡者曰丁税，曰地税，仿唐之租庸调也。取于江南者曰秋税，曰夏税，仿唐之两税制也。丁税地税之法，自太宗始行之。初，每户科粟二石，后以兵食不足，增为四石。至太宗八年，乃定征科之法。令诸路验民户成丁之数，每丁岁科粟一石，驱丁五升。新户驱丁各半之。老幼不与。其间有耕者，或验其牛具之数，或验其土地之等而征。凡丁少而地税多者，纳地税；地税少而丁税多者，纳丁税。元初算赋之制，中原以户，西域以丁，蒙古以马牛羊。至元十七年，户部定例令科户丁税每丁粟三石，驱丁粟一石，地税每亩粟三升。减半科户丁税每丁粟一石。新收交参户，第一年五斗，第二年一石，第三年一石二斗五升，第四年一石五斗，第五年一石七斗五升，第六年入丁税协济户每丁粟一石，地税每亩粟三升。随路近仓输粟，富户输远仓，下户输近仓。每石带鼠耗三升，分例四升。初世祖代宋时，除江东浙西外，其余皆征税。至元十九年，用姚元之请，命江南税粮，依宋旧例，折输绵绢杂物。旋又用耿左丞言，令输米三之一，余并入钞以折。

田赋包征之制，金试行之，至元而大盛。《耶律楚材传》曰：

> 自庚寅定货税格，至甲午定河南，岁有增羡。戊戌，课银增至百一十万两。译史安天合者，谄事镇海，首引奥都剌合，扑买课税，又增至二百二十万两。楚材极力辨谏，声色俱厉。帝曰："尔欲为百姓哭耶？"姑令试行之。楚材力不能止，乃叹

息曰："民之困穷，自此始矣。"

扑买者即包征之制，责田赋于一人，开前代之创例。

元制尚有异于前代者，则为赋税用银。盖前乎元者，如汉之亩税十钱，唐之亩税三升。杨炎两税以钱为额，而亦用实物折纳；宋亦钱物两用，而元则初议户赋银六两，朝臣以为不可，谏曰："五方土产各异，随其产为赋，则民便而易定，必责输银，虽破民之产，有不能办者。"乃蠲户额三之一，此赋税用，银之初见也。故顾炎武论之曰："古之为赋者，菽粟而已，其为交易也，不得已而以钱権之。然自三代以至于唐，所取之于民者，粟帛而已。自杨炎两税之法行，始改而征钱，而未有银也。"足征元以银赋，又创前代之例也。

考元代田赋之弊，不在包征，不在用银，而在册籍无凭。此乃粮政上极大之秕弊，当元初入江南，两淮土旷民寡，兼并之家，皆不输税，仅松江一县，富民包隐田土，为粮一百七十万石，荡沙为钞五百余万缗。于是重立经理之法，其要旨为令民自实，有土地陈报之义。延祐元年，铁木迭儿以经理之法为未足，复下令括田增税。昵匝马丁者在江西括田酷虐尤甚。信丰一县，撤民庐千九百区，夷墓扬骨，以为所增顷亩。居民怨毒入骨，故肇赣州民蔡五九等率众寇掠汀漳，称王建号之变。此因括田经理而引起之轩然大波，朝庭遂有戒心，仅令民自实，以均赋役，而不复括田矣。

民食措施状况　辽虽马逐水草，人仰熏酪；富以马，强以兵。自侵入华夏以后，渐具建国之型，首重食货。太宗即位，敦劝农桑,教民纺绩,饬令部属开辟农田,以事耕耘。有伤禾稼以军法论罪之禁,其对于粮食之重视,由此可见。圣宗统和十三年,诏诸道置义仓。岁秋,社民随所获,户出庤仓。道宗大安九年,诏于东京沿边五十余城,各置和籴仓,出陈易新,约如常平之制。民间如自愿借贷,收息二分。所在无虑二三十万石。虽累兵兴,未尝用之。

金兴,首行和籴,只许民间留户口岁仓,余均纳官,给其直。其后命地方于秋熟后广籴,以充军糈,兼备水旱,而抑配之弊又起矣。大定十四年,定常平仓制,不久寻废。至章宗明昌元年,御史请复设常平仓。省臣曰:

> 大定旧制,丰年则增市价十之二以籴,俭岁则减市价十之一以出,平岁则已。增之减之,以平米价,故谓常平。非谓使天下之民专仰给于此也。今天下生齿既众,如欲计口使余一年之储,不惟数多难办,又虑出不以时而致腐败也。况复有司抑配之弊。殊非经久之计。如计诸郡县户口,例以月支三斗为率,每口但储三月,已及千万,实足以平物价、救凶荒矣。若令诸处自储官兵三年食外,可充三月之食者免籴,其不及者俟丰年籴之,庶可久行矣。

乃复设常平仓。旋敕以常平仓丰籴俭粜有司奉行勤惰褒罚之制,遍谕诸路,其奉行不力者,提刑司纠察以闻。又以各处常平仓,置于州府,人民跋涉前往籴粜,殊多不便,于是改制,县距州六十里内,就州仓。六十里外则特置仓。更以旧制备户口三月之粮,恐数多致损，乃令户二万以上者备三万石，一万以上备二万石，一万以下五千以上备一万五千石，五千户以下备五千石。其屯□储粮之县不限此数。凡官籴，须俟秋收日依常平仓例办理。郡县吏受代，如所籴粟无坏，一月内交割给由，无同管勾者，亦准上交割。违限，委州县并提刑司差官催督监交。其考成标准，则凡本处岁丰收籴不及一分者，本等内降，提刑司体察直申尚书省，至日斟酌黜陟。因当时奖惩之法极严，故五百十九处之常平仓，于二年之间，积粟达三千七百八十六万三千余石，可备官兵五年之食。米八百二十余万石，可备四年之用。迄于宣宗贞祐三年，则行沿河遮籴之法，凡商人贩粟渡河者，每石官籴其八，不得私渡。军民旅客之粟，不粜于官籴处而私贩渡河者，杖一百。于是商贩裹足不前，沧州等处斗米银十余两，殍殣相属。翌年，以河北钱多，复行遮籴。在河南岸，以金银丝绢等博易商贩之粮，转之北岸，回易籴本，兼收见钱。至兴定元年，民不堪扰，为和籴而弃本业者日益众。有余之家，乘贱多籴，至用急时，以贷饥民。名为无利，实则数倍。饥民得食难艰，莫敢与较。及秋方登，举以还贷，囷储为空，而民生更困，势必不惜重利又求贷于富有之家矣。

元代对于粮政设施，亦极重视，初令各路择晓通农事者充劝农官，中央置劝农司，各地置劝农使。至元时立司农司，凡州县吏之升降，以劝农之勤惰为准，订立劝农社规，于注意切实推行合理粮政之外，尚有符合于管教养卫之旨，兹择其要者录如下：

（一）诸县所属村疃，五十家为一社，择年高晓农事者立为社长。增至百家者,别设社长一员。不及五十家者,与近村合为一社。地远人稀,不能相合,各自为社者听。社长专以教劝农桑为务。本处官司不得将社长差占,别管余事。

(二) 社长宜奖勤罚惰,催其趁时耕作。仍于田塍树牌橛,书明某社某人地段,社长以时点视。

(三) 每丁岁植桑枣二十株,或附近宅植地桑二十株。其地不宜桑枣者听。植榆柳等,其数亦如之。种杂果者,每丁限十株。仍多种苜蓿备凶年。

(四) 河渠之利,委本处正官一员偕知水利人员,以时浚治。如别无违碍,许民量力自行开引。地高水不能上者,命造水车。贫不能造者,官给车料。俟秋成之后,验水使之家,俾均输其值。

(五) 近水村疃,应凿池养鱼并鹅鸭之数,及种莳莲藕黄菱蒲苇等,以助衣食。

(六) 社内有疾病凶丧之家,不能耕种者,众为合力助之。

(七) 社内灾病多者,两社助之。其养蚕者亦如之。耕牛死,令均钱补买,或两和租赁。

(八) 荒田除军营报定及公田外,其余校下探马赤军之自行占冒,从官司勘当得实,先给贫民耕种,次及余户。(按蒙古探马赤军人等,尝有占冒民田之事,至元十一年,亦令一体入社,依例劝课。)

(九) 每社立义仓,社长主之。丰年验各家口数,每口留粟一斗。无粟者抵斗存留杂色物料，以备凶荒。

（十）本社有孝弟力田者，从社长保申本处官司量加优恤，若所保不实，亦行责罚。

（十一）有游手好闲及不遵父兄教令者，社长籍记姓名，俾提点官到日审问情实，书其罪于粉壁。犹不改，罚充本社夫役。

（十二）每社立学校一，择通晓经书者为学师。农隙使子弟入学。如学文有成者，申复官司照验。

（十三）每年十月，委州县正官一员，巡视本管境内，有蝗虫遗子之处，设法除之，务期尽绝。

成宗以后，虽屡有劝农之诏，但有司视为具文，行之不力。仁宗延祐元年，曾命廉访使，每岁攒造农桑文册，赴大司农司考较。而造册苛扰，多属虚伪，故监察御史许有壬讽为纸上栽桑云。

和籴始于世祖中统二年，大抵照市价略增十之一以籴。至元二十二年，始命江南秋收，官为定例收籴，次年减价出粜，用充军储。重定和买之法，凡诸和买物须验出产停顿去处，分俵均买。官吏不得先以贱拘收，措勒人户，违者痛行断罪，计其余价，依数追还。后亦流弊百出，和买不随其所有，而强其所无。且不给分文价钞，百姓典家卖产，鬻子雇妻，多方寻买以供官司。此虽不仅限以谷米和籴，而扰民苛政，由此可见。至其所设之常平仓，据史籍所载，大都遍及河北、山东、陕西、河南诸地，而大江南北则未见也。

义仓之设，见于社规规定，虽名为义仓，而有社仓之实，由社长主之。丰年验各家口数，每亲丁纳粟五斗，驱丁二斗，无粟者存留杂色粮。官吏不得拘检借贷，荒岁就社户给食。行之既久，虽仓库充实，民但见其害，不蒙其利。张大光论其弊有四：一曰掌仓之弊——掌仓者非革闲之吏贴祇侯，则乡里无藉泼皮。请托行求，公纳贿赂，校充是役。上以苟避差役，下以侵削小民。既已费过重赀，宁不贪图有利？官司容其奸伪，百姓不敢谁何。二曰点检之弊——其有考满守缺司吏官员，门下亲知，或结托求差，或倚势分付，带领仆从，名为计点义仓粮。盘绕乡村，呼集社伍。需求酒食，索取赍发。餍所欲则抄写虚数，忤其意则苛细百端。遂科敛社民，粜卖义谷，以为只待出发。前者既去，后者复来，所积之粟，已十去其六七矣。三曰出贷之弊——掌仓素非仁德忠厚之士，所储之谷，平时先已侵用。至于出贷之际，预行插和糠秕朽谷沙土。及至支遣，小斗悭量。比及到家簸扬，所贷不得一半。丰年有米，则勒令民户承贷，凶荒之岁，则推称已贷尽绝。惟务肥已，不恤济人。更有虚装人户，具报官司。或立诡名，交割下次。民之受害，其何可言。四曰回收之弊——百姓贷谷未及半年，为之掌仓者，既交割前界贷数，乃集不逞之徒，三五成群，遍绕乡村，催索逋贷。叫嚣隳突，需求酒食，何所不为。及至人户担谷到仓，一斗必收二斗。干人脚谷，上数科倍。满斗豪量，不夺不餍，稍涉分析，则云以后官司计点，亏折谁赔。若或不从，必解官惩治。民之困于义仓，有甚于凶荒之岁。乃有虚申案验，伪措仓囷。观其数则亿万有余，考其实则百千不足，官司视为具文，奸奸因缘为私，饥荒之岁，民不沾惠。至元末年，各社之仓皆空如洗，虽申复立之令，而弊仍未除。

仁宗皇庆二年，赵天麟鉴于旧弊未去，奏请改制，其言曰：

> 每社立义仓，自是以来，历二十余年，仍多空乏之处。顷来水旱相仍，蝗螟蔽天，饥馑荐臻，四方迭苦，转户就食。……今立义仓而贫者，盖计丁纳粟故也。望普颁明诏，详论农民。凡一社立社长社司各一人，社下诸家，共穿筑仓窖一所为义仓。子粒成熟时，纳则计田产顷亩之多寡而聚之。常年纳例每亩粟率一升，稻率二升。遇大有之年，听自相劝督而增数纳之。同社有丰歉不均，则免歉者所当纳之数。

天麟之议虽善，但终元之世，义仓未臻完善之境，延祐泰定年间，敕有司治义仓之诏四下，其奉行不力，可推测矣。

元代与外洋渐启交通之门，故米粮有外贸之事，在其刑法中，有不准私贩米粮下海之律。违者舶商船主纲首事头火长各杖一百，物没官。至元中，亦有禁广州官民毋得运米至占城诸番出粜之令，实创前代未有之禁。

第七章 明 代 粮 政

田制与田赋 明代有官田民田。官田皆宋元时入官田地，其后又有还官田，没官田，断入官田，学田，皇庄，牧马草场，城壖苜蓿地，牲地，园陵，坟地，诸王公主勋戚大臣内监寺观赐乞庄田；百官职田，边臣养廉田，军民商屯田等通谓之官田；其余则为民田。孝宗以后，官田之面积，逐渐增加，据《日知录》所载，仅苏州一处，民田只占官田十五分之一，此足征当时官田之盛也。民初承佃种官田，官给农具与牛种；其后官不供给。且一经编入官户，虽水旱凶荒，无减租之议。故广西布政使周幹上疏言及海宁、昆山海水陷官民田千九百余顷，已经十年，而今犹收其租。其更害民者，则为相沿日久，版籍脱讹，买卖过割之际，往往以官田为民田，酿成争讼。当时所谓庄者，有皇庄官庄之分，皇庄创于宪宗时，畿内占地颇广，武宗时达三万七千五百九十余顷。其占领之方式，则为管庄官校招集群小，称庄头、伴当，占土地，敛财物，污妇女，民稍与分辩，辄被诬奏。官校执缚，举家惊惶，故民心伤痛入骨。官庄大半属于赏赐功臣者，公侯丞相以下，多者百顷，亲王多者千顷。

百官公田皆以其粗入充禄。孝宗弘治之世，畿内官庄达三万三千余顷，他处之多，尤不可计。正德以后，风习更坏，凡有官庄之地，竟架搭桥梁，擅立关隘，出给票帖，私刻关防，民间撑驾舟车，牧放牛马，采捕鱼虾螺蚌莞蒲之利，靡不摘取。至邻近之地，则展转移筑封堆，包打界址，见亩征银，与地方豪猾之民，互相勾结，狼狈为奸，而民之□益甚矣。

经理之弊，前章曾详言之，故明之兴，遂有大规模之丈量运动，澈底整顿田赋，编造鱼鳞册以为根据。初，先置黄册，史称：洪武十三年，帝以徭役不均，命造黄册。百十户为里，丁多者，十人为里长，鸠一里之事，以供岁役。十年一周，余百户为十甲。每十年，有司更定其册，以丁粮增减而升降之。册凡四，一上户部，其三则布政司、府、县各藏其一，因上户部之册面黄纸，故谓之黄册。洪武二十年，乃为通国丈量之法。遣周铸等百六十四人核浙西田亩，定其赋役。复命户部核实天下土田。而两富，畏免徭役，大率以田产寄他户，谓之铁脚诡寄。国子生武淳等，分行州县，随粮定区，区设粮长浙民四人，量度田亩方圆，次以字号，悉书主名及田之丈尺，编类为册，状如鱼鳞，故曰鱼鳞图册。黄册以户为主，详具旧管新收开除实在之数，为四柱式。鱼鳞册以土田为主，诸原阪、坟衍、下隰、肥瘠、沙卤之别悉具。有鱼鳞册为经而土田之讼质，以黄册为纬而赋役之法定。凡质卖田土，备书税粮科则，官为籍记，不致有产去税存之害。

永乐、宣德以后，豪户猾书，相互为弊。有自私垦田，而令不报官者；有辟地数顷，而止报升合者；又有隐匿腴田，而捏作陷没者;有飞洒税银,而幻去亩籍者。因之新额无增于前,而原额日减于后。且推收过割之际,奸弊丛生,有有田无赋者,有有赋无田者,其原起于富家败宕之子,急于售产,不暇推配。久之而推无所归。吏胥之奸者,乃敢于飞洒,久之而纳者不知,故下困贫民,上亏国课,而鱼鳞册失时效矣。

神宗时,张居正当国,以江南贵豪怙势,及诸奸猾吏民善逋赋,选大吏精悍者,严行督责。限天下田亩,通行丈量,以三载竣事。用开方法,豪右不得欺隐,里甲免赔累而小民无虚粮。其后明政日弛,忧患日亟,丈量之事,不复能行。崇祯之初尚有民死而丁存、田荒而赋在之病。

关于征收田赋之制,明代独具互相牵制之办法,分催、收与监督三部门。《明史·食货志》载顾鼎臣曰:

> 成、弘以前,里甲催征,粮户上纳,粮长收解,州县监收。粮长不敢多收斛面,粮户敢不搀杂水谷糠秕,兑粮官军,不敢阻难多索,公私两便。

里甲者,即明初编造黄册时定制推举之里长甲首,司催纳之责。粮户即为业户。粮长者,太祖时令田多者为之。督其乡赋税,岁七月,州县委官偕诣京领勘合,以行粮万石长副各一人,输以时至。得召见,语合辄蒙擢用。是粮长为当地富有之地主,负征粮之责者也。州县则仅居于监督地位,其后有包征之制,与元代扑买相似,亦百弊丛生。

察吏之道，明之催科为殿最。隆庆五年，格赋不及八分者，停有司俸。万历二年，以九分为及格，仍令带征宿员二分，故民岁输仍十分以上。有司惮考成，必重以敲扑，民力不胜，流亡随之。《明史·陈宁传》记其在苏州时，征赋苛急，尝烧铁烙民肌肤，吏民苦之，号为陈烙铁。隆、万以后，此风靡烈，崇祯时王家彦上言曰：

> 民何至接踵为盗，盗何以溃裂以极？论者谓功令使然。催科急者书上考，督责严者号循良。

足征末世之政，愈趋苛暴也。

明田赋之重，以东南为最。初，太祖定天下官民田赋，凡官田亩税五升三合，民田减二升，重租田八升五合五勺，没官田一斗二升。惟苏、松、嘉、湖，怒其为张士诚守，乃籍诸豪族及富民田，以为官田，按私租簿，以为税额，混私租以入官粮自此始。其更有扰民者，则为漕粮□制。初都南京，用东南之米，借民力而为转漕运纳之费。其后改宅北平，道路艰难，小民转运至京，率耗正粮之三倍。于是改行支运法，支者不必出当年之民纳，纳者不必供当年之军支。继立兑运法，令民运至淮安，交军北运。每石纳耗米四斗。后又定折运之法，令旧输漕粮者输银，然田不加多，赋敛实倍；交纳之费，过于所需，卒未能尽行改折以节民困。

其征收之际，流弊更多，官户儒户有包揽之奸。据范濂《云间据目抄》云：

诡寄之妨赋有二：其一，自贫儒偶躐科第，辄从县大夫干请书册，包揽亲戚门生故旧之田，以实其中。如本名仅一百亩者，浮至二千后，白银三百两，则令管数者日督寄户完纳。及有司比较结数，二百七十两已足九分，便置不比。是秀才一得出身，即得享用无税民田二百亩矣。积以十计，则每县无税民田，去二千矣。况十不足以尽之乎？又况所寄愈多，所请愈甚乎？

更有恃贵横行者，范氏又云：

其二，自乡宦官久年尊，则三族之田，悉入书册。其间玩法子侄，谓有司无可奈何乡宦，乡宦无可奈何我们。于是动辄欺赖，一官名中，有欠白银千余者。夫一官以千计，十官以万计，又况不止十乎？

富人多田，患苦重役，乃以货啖奸书，某户洒田若干亩，某户洒粮若干升，其被洒之家，必其昧不谙事，或朴懦不狎官府者也。甚至家无立锥之业，而户有田亩粮差之需，此以谓飞洒者，张冠李戴之弊也。又如赵甲有田，开与钱乙，钱乙复开与孙丙，孙丙复开与李丁，李丁复开与赵甲，赵甲不收，则并田与粮而交之，此乃虚为买卖，以图规避之弊也。又有买田十，而止开其八九，遗一二于原户者。又或收田而不收粮，俾卖主受其害而己得减轻，此以买户为奸者也。又有田本轻则，而开作重则。田本八九，而多开为十，以归于人，因得轻税之田，此以卖户为奸者也。凡以上所举。皆为征收之弊，至其田赋制度本身之缺点，则为赋役混合，即史所谓一条鞭税制者也。

一条鞭者，总括一县之赋役，量地计丁，丁粮毕输于官。一岁之役，官为佥募，力差则计其工食之费，最为增减；银差则计其交纳之费，加以增耗。凡额办、派办、京库、岁储与存留供亿诸费，以及土贡方物，悉并为一条，皆计亩证银，一办于官。立法颇为简便。嘉靖间屡行屡止，至万历九年，乃尽行之。责徭役于田而不复问人丁，此所谓地丁合一也。考赋役合出于田之本意，固欲使手续简便，役名不繁，而其另具平等精神，则为使当免役者，因有田而不能免。所谓通轻重苦乐于一色之中，法当优免者，不得割他户以私荫。然万历以后，原意消失，乡宦、吏胥、生员法皆得以复其户，而无杂泛之差。崇祯之世，民更苦于徭役，虽役丁粮而仍科力役，名为一条鞭，实叠床架屋以扰小民也。

预备仓之设置 洪武初，太祖令出楮币二百万贯，诏行省各选耆民，运钞籴粜，于居民丛集处置仓，各州县东南西北四所，以备赈济，曰预备仓。凡民家有余粟愿易钞者，许运仓交纳，依时价偿其直。洪武二十四年，恐耆民缘此扰害百姓，乃罢籴粜。成祖永乐中，令预备仓移置城内，其后官吏侵为己有，私贷于人，不复还仓，渐趋废弛。宣德中遣官巡视整理，令乡县修仓征收，以守令不得人，旧弊仍未革。英宗正统二年，户部又以仓廪颓塌不葺，粮米逋负不征，致岁凶缺食为言。虽屡下复修之诏，多未彻底遵行。独于谦巡抚河南、山西时，能修其政。上疏请以每岁三月，令府州县报缺食下户,随分支给。先菽秫,次黍麦,次稻。俟秋成偿官,而免其老疾及负不能偿者。州县吏秩满当迁,预备粮有未足,不听离任。仍令风宪官以时稽察。诏从之。乃遣干廉京员往督州县,以举庆为殿最,有欺蔽怠废者奏罪之。又命六部都察院推选属官,诣两畿各省府州县,发所在库银籴粮立预备仓。凡军民能出粟佐官者,授以散官,并旌其门。纳谷至千五百石者,奖为义民,免本户杂役。至侵盗仓谷者,佥妄充军。又定借米归还办法,赈饥民一石,俟有年,纳稻谷二石五斗还官。宪宗成化六年,复开纳粟免考之例;又定仓谷支放概由州县官亲管,不许转委作弊。孝宗弘治时,定州县官考核办法,如其数为称职。过其数,果有卓异政绩,给与本等诰命。过其数而多增一倍,再有卓异政绩,具题旌擢,仍给本等诰敕,行移吏部,遇缺不次擢用。不及数者以十分为率;少三分者罚俸半年;少五分者罚俸一年;少六分以上是为不职,候九年考满,送吏部降用。至地方监督官厅之考成,知府则视所属州县积粮多寡为劝惩。弘治十八年,准在外司府州县问罚,应该赎罪等项赃罚之物,尽行折纳,籴买稻谷上仓,以备赈济。正德元年,又令囚纳楮者,以十之八折米入预备仓。军官犯者,纳谷准立功。二年,遣使查勘各库藏所积,除军用外,尽数籴买米谷上仓。以上各制,不能认为不严密,然当时各仓,仍无甚积蓄。世宗嘉靖六年,乃仿平籴常平之法,春间放赈贫民,秋成抵斗还官,不取其息。如见在米谷数少,将贮军官钱及赎罪折抵银两,付委贤能官员籴买,比时价估量添二三文。又将府州县之储量减少,府以一万石,州以四五千石,县以二三千石为率。嘉靖中,州县储粮，皆不及数，道又酌减以上中下三等为准。上州县岁积千石，中七百石，下四百石。虽以积蓄多寡又定赏罚之法，然泄沓者视为具文，纵减至极少之数，亦不为备。更有急功者妄行科罚，剥民利己。赈贷之后，饥民止限借一石，或偿十数石而不足。借止一年，或征至十数年而未休。下户细民，有宁卖子女流徙，不肯窥仓廪之门。狡焉者与吏胥勾结，其贷也，寄之于里胥，而冒诈之民多；其偿也，责之于里胥，而征求之弊作。及其弊也，里胥必诈与贫民通，而讦为诡词。贫民必甘与里胥市，而觊为灭迹。病民之甚，由此可见。

常平仓之详制　明之常平仓，为官吏与士绅所筹设，政府并无定制。故考于正史，事迹不多，兹择论常平仓制之较详者以备参考。汪道亨于熹宗时在陕令各县推行常平仓，指示籴粜及管理之法，先令米行，每日从实报价，一凭时估而量增收籴，不拘谷粟，各从其类收贮。如乡民赴仓粜售，用平斗，随到随收，不许类集，致令乡民等候。价比市略增若干，该价若干，发时支给，亦不许类集总数发放，致有豪强作弊等事。更严禁牙行街棍，诈称官籴，愚弄乡民。所收之粮，务要干圆洁净，能耐久储者，不许扰和糠秕。其出粜也，每年斟酌丰歉而调节之。如遇丰年，小民不甚乏食，或十石或五七石，听民间时估籴买。荒年谷米腾贵，照市减价出售，只许贫民，不拘升斗。其极贫之家，无银赴市者，听社仓公廪分赈之。如有市肆牙行富豪之家，希觊价减，假名收买，应严密稽查，尽法以治。至青黄不接时，减价出粜仓谷，不必下市。先出示，谷每石折米若干，市价若干，今减若干。从实作数，不许有名无实。

凡乡民愿粜者，不分多寡，先将银钱收下，给以图书印票。收银毕，开廒放谷；用准斗准斛，不得用手抹量，致有高下之弊。如有市肆垄断，每日更名换人，多粜过十石以上营利者，访出或讦发，拿究问罪，完日枷号一月。其管理方面，重在司帐，置薄二册，一注粜本银，一注粜粜谷石。分别记载银钱收付及谷石出纳。出粜事毕，如偿粜本，已足常平旧管原额，尚有余剩，作为新收，仍充粜本。如凶乱之年，则以余粟分赈极贫。

仓廒之建筑，大半依张朝瑞所议之式，其基地择南向高阜以避水湮。头门一座，约高一丈三尺八寸，中阔一丈，入深连檐一丈七尺六寸。两傍耳房，每间阔八尺，住守仓人役。顶用大竹篾覆之盖瓦。大门两扇，每扇阔三尺。廒房东西对向，视蓄积之量而定间数。每间高一丈三尺六寸，阔一丈一尺二寸，入深一丈六尺，约可储谷四百石以上。廒内先用地工，将廒深筑坚实。外檐用石版镶砌，内以厚砖砌底。用条石墊搁楞木铺，钉松杉厚板，上铺蕈仓。席顶上方以木为椽，椽上用板幔。板上用大竹打笆覆之，笆上覆土，更覆以瓦。周围廒墙，脚阔二尺八寸，先行筑实，方用条石砌脚三层。上用地伏砖扁砌，纯灰抿缝。中用稍碎砖瓦，少以泥和填实，仍用铁牵粉钉。如地面高燥者，四面俱用砖墙。廒后及两侧墙俱包檐。每埭不论间数，为三间五间七间，隔为三段，各开三门，气楼亦如之。廒内贴墙处，用木栅钉相思缝厚板，使谷不着墙，以防浥烂。廒口亦用相思缝厚板横插。如地势卑湿者，廒前面不用砖墙，廒板外用圆木栅栏一带。上面建廊，阔五尺六寸。廒外天井，用石板铺平，以便晒谷。上项建筑形式，在工程进步之今日，自不适用，然储藏之建筑原则，未可忽视，故录其详细尺寸，以供今日建仓之参考。

社仓之组织　社仓行于英宗正统初年，因原有之预备仓，县止一二所，居民星散，赈给之时，追呼拘集，辄淹旬月，饥民不待给粟而毙，有司请增社仓，仍取朱熹之法；参酌事宜，定为规画。嘉靖中，兵部侍郎王廷相，请将义仓贮之里社，凡一村之间，约二三十家为一会，每月一举。第上中下户捐粟多寡，收贮于仓。推有德者为社长，善处事能会计者副之。岁凶计户给散。先中下者，后及上户。上户责之偿，中下者免之。给贷悉随于民，第令登记簿册，以备有司稽考。则既无官府编审之烦，亦无奔走道路之苦。八年乃令各处抚按官设立社仓，初责上等之家出米四斗，中等二斗，下等一斗，每年加耗五合。其后富者鲜仁，多不出粟，而中下之户，所输为数有限，制遂破坏。然各地亦间有自动主办者，成绩斐然，兹录张朝瑞及汪道亨对于社仓组织之办法，以较宋代之制。

张朝瑞之社仓组织办法

（一）员役　公推乡约正副各一人，主持稽查及簿册保管登记事，又推公直殷实者司出纳。

（二）籴本　籴本来源有四：（1）秋熟时每亩量出谷半升。或富户出石，贫者出升斗。（2）地方官吏捐俸提倡，及发纸赎等银补助。（3）禁止迎神赛会，以其香钱充用。（4）士民尚义出谷。

（三）借收　每年青黄不接时，阙食者量准借与，就保长处,会同约正副,批立合同,登记籍薄。候秋收日,扣息二分纳还。但借谷至多限十石。

(四)奖惩　凡出谷多者请旌奖。不肯出者,荒歉之年,义谷官粮,俱不准与。

汪道亨之社仓组织办法

(一)本谷　本社集社长、社副、社众会议,各量贫富家口为多寡。户分三等,等列三则。其输谷之法,每月一会,约定会期。上上户每户六斗,上中户五斗,上下户四斗,中上户三斗,中中户二斗,中下户一斗,下户不与,社谷初贮,谷本尚微,不许轻易敛散。如以一岁之谷,尽输于社,或分三四会输完亦可,不必拘定十二次。如粟不便者,许纳银钱登簿,遇贱,籴贮社中。若有家道颇殷,绝无斗谷入仓者,即书某人名,加以顽吝二字,贴社仓内。但遇荒歉,官社仓谷,俱不准给。其有乡村隘小,不能分三等,等不能列三则者。酌量增损。

(二)义谷　凡社中富而好行其德者,能于本谷外,愿输二石入仓者,纪善一次。四石纪善二次。十石纪大善一次。二十石纪二大善。三十石纪三大善,州县掌印官奖赏。输五十石以上者,该府暨州县送扁,书"好义"二字。输百石以上者,本道送扁,书"施仁"二字,照例给与冠带。输至二百石以上者,准给冠带优礼,本道及两司送扁,书"乐善"二字。其输四百石以上者,申请两院送扁,书"积德"二字,给与冠戴,仍优免杂从差役,犯罪不许加刑。此外若输八百石以上者,申请两院，照例奏请竖坊表里。

（三）罚谷　凡官司自理赎谷，除照旧入预备官仓外，其各社有乡约演礼不到，保甲直牌怠玩，及一切违犯稍轻者，听约正副处酌罚谷。其有本社小事口诉不平者，听约正副量判曲直，罚谷使之平息，以省赴告及株连干证之费。其有赴告后而自愿和息者，有司酌罚谷，输之该社，取其仓收免罪，情轻者，批由约正副查处量罚，是为罚谷，登簿备查。

（四）息谷　仓谷收贮若干，每年于二月初起至四月止，宜出陈易新，余月不得轻借。其交还月份，自九月起至十月止，不得延捱，以致谷价渐贵，输纳愆期。初年谷本尚微，每石取息二斗。如时小歉，则减息之半。行至三年以后谷本渐裕时，每石取息一斗。如小歉止取五升，大歉则尽免其息。凡借给之户，有过时不还，或还而湿恶不堪者，送官重治。下次不准再借。出借之时，须会同集议，量其可偿，方准托保关借。如游手无赖，刁顽无信，强豪不驯者，不得轻与。如或轻与以致欺骗者，俱在保人及收管人名下追赔。收管之人，捏开诡名冒领和取规利者，许人告，另行追罚。每放借完日，即将本社中下人户支借过谷石若干，应该息谷若干，一一登簿，以便稽考。余谷收贮，不得混支升合。每年终结算出入，给与收管人一石，以偿其功。

（五）仓庾　以上四等仓谷收贮仓庾之法，不可不讲。须查各处旧有仓者基址，或嫌狭隘，相应设法量增房屋，或系假借，相应措处。凡建仓屋，四围空旷，不近民居烟火。其有相近者，须买砖堆砌，以备不虞。以上费用，俱于四等谷内取之。或有尚义之士，独任其费者，官司重加奖赏。其平素无仓地方，若新敛有谷，或于各乡约宽余处所寄囤，或各乡约所有空居，即度其值易买，俾乡约社仓合置一处尤便。或借废寺庙庵观暂停，俟积谷果多，则公议扣谷建仓。凡有人乐助者，或银钱或谷米，随意多寡，俱登记于簿，勒石垂名。各该州县，每年终通查所属，共建仓若干，将千字文挨顺里甲，编立字号，共若干处，各置牌扁，大书某字号社仓五字，悬挂仓门。该州县将总数报之府州，以便稽察。

（六）收掌　社仓收掌出入，当立社长一人，以本处年高行优者为主，兼家资殷实者更妙。（或即以约正保正为之）凡社中事务，皆听裁决。又立社副二人，以年力强壮行能服众者为之，或即以约讲约副保副为之，俱要犬牙相制。社长专管书锁。社副二人，一管出簿，一管入簿。又立社杰二人或四人，以壮年公直有才干者为之，俱从社长社副指挥，分任勤劳。又置社谷出入二簿，先将各户输谷登记入簿；待放出之时，仍将各户借过若干数目登记出簿。造完送官查验，印发本社，待后照数催收。

（七）典守　社仓之典守，如或社长近仓，即以社长兼主守之事。社副社保亦然。或俱不近仓，则宜另立社直数名，或以本地人夫轮流值日，或换甲选择，一季一换，俱听酌便处。若于社仓之旁，公立社学，令子弟在学读书，则看守有人，不必更立社直，惟须加意防闲，不至疏虞为要。

（八）稽核　各仓积谷既多，奸民或因之以滋侵渔。若经官逐一查盘，则必重为民累。合应免其查盘，止于本府管粮厅置循环簿二扇。各州县每年五月将放过若干，十二月将收过若干，赴厅倒换备查。各仓放出收完，俱报本州县。其余出入，民自收掌。官司或因路便，或出不意抽查，以革奸弊。其经管之人，如果公勤谨慎，众所悦服，增息谷至三百石以上者，禀官旌奖。其有侵欺，及借贷之人负背互相容隐者，许诸人指名首告，官司着实查追，不得姑息。

（九）分赈　凡遇大祲之岁，官府行赈之时，约算本社除上等可以自给外，其余中下人户，各照本谷原数，听其分领。……尚有义罚息等谷约算若干，社长等公议酌量本社应存若干，以防后日；应赈若干，以救目前。分数议定而后开仓。其平时施谷入仓，先上上户，次上中户，次上下户，次中上户，次中中户，次中下户。其凶年赈谷，先下下户，次下中户，次下上户，等而上之，至中上而止。仍查其中有先富而后贫者准赈，先贫而后富者不准赈。其年力强壮能为人营运及堪为人佣，社中有兴作者收之，给与工食。佣工有力强而不为佣，不事生业，坐以待赈者，赈凡二次止。其分赈宜常留赢余，以备后赈。

（十）推恩　社仓行至三年以后，粟有赢余。社中好修贫士孝子顺孙不能举火，宗族亲戚俱无足恃者；贫而有丧不能举，及子女过时不能嫁娶，情景可伤者；节妇年自二十四五以前孀守，至今已逾五十一，向无隙可议者；民年七十以上，贫而且病，衣食俱乏者，俱听社长等酌议周恤，登簿报官，不许徇私冒滥。

（十一）费用　仓中逐年纸札及修整仓廒守仓人工……俱各订为定式，不丰不俭，经久可行。……若日久谷多，则可将谷本置社田。

（十二）社学　古之教者，里有社，家有塾，党有序，此教化之所以易行也。故社学亟宜举行。社长人等各查本处现有社学……或原无社学，须公同酌议于公众地基，置建社学。亦照社仓出谷事例，勤谕众人随力乐助。或待社仓行久，以义息等谷制立。

汪氏社仓之组织，与朱熹社仓事目，大致相似，惟汪氏之推恩、社学两项，虽与民食无甚明显关系，但教养兼施亦为我国政治之特色，与今　推行之管教养卫政策，实不谋而合也。

明季加派之弊　一条鞭之规制顿紊，加派之弊随之而生。嘉靖年间于每亩正粮以外，另有加派之制，类似后日之附加税。《食货志》嘉靖二十九年："俺答犯京师，三十年，京边岁用至五百九十五万。户部尚书孙应奎，蒿目无策，乃议于南畿浙江等州县，增赋百二十万，加派于是始。"《明史·孙应奎传》则谓建议加派，自北方诸府，及广西、贵州外，其他量地贫富，骤增银百十五万有奇。万历初，倭患方亟，遂益行加派，故二十一年，神宗有除天下东征加派田赋之诏。万历四十六年，以辽东兵事兴，李邦华倡议自贵州外，亩增银三厘五毛，得饷二百万。明年复议用兵，增赋如旧。又明年，再议增赋，复亩增二厘，为银百二十万。三年之中三次增赋，凡五百二十万有奇，遂为岁额。崇祯三年，梁廷栋请于九厘之外，复再加三厘，得增赋六十五万有奇。十年，户部苦于无饷，兵部尚书杨嗣昌建议因粮为均输，加赋二百万，诏廷臣议可否，嗣昌方用事，无可难之者。原拟期增赋一年而止，后饷尽而贼未平，诏彻其半。督饷侍郎张伯黥请全征，帝虑失信于百姓，嗣昌曰："无伤也，加赋出于土田，土田尽归有力家，百亩增银三四钱，稍抑兼并耳。"大学士薛国观等皆赞成其议，遂复征饷七百三十万。

当时除政府正式加派之外，又有军前之私派，犹此人民，犹此土田，饷加而田日荒，征急而民日少。孙承泽《春明梦余录》有劾军前私派疏云：

迩因寇祸益深，皇上特遣阁臣杨嗣昌秉钺躬剿，凡征兵、索饷二事，内呼如雨。司农初应之以新饷，继应之以剿饷，再应之以练饷。惟恐须臾稍缓，无以慰任事者之心，且有以开卸事之口，盖已竭闾阎之膏血，惟命是听矣。然孰知军前之需，取之部额者有限，而私派之地方者，正无纪极也。忆臣待罪县令时，倏奉一文，取豆米几千石，草几千束，运至某营交纳矣。倏奉一文，买健骡若干头，布袋若干条，送至某营交纳矣。倏奉一文，制铜锅若干口，买战马若干匹，送至某营交纳矣。并不言动支何项钱粮，后日作何销算。惟曰迟误，则以军法从事耳。州县之卷，懔懔恐后，间有借支正饷，以救目前之急者。然派之里下者，则比比皆是矣。是以私派多于正赋，民不堪命。

则此为加派外之弊也。

第八章 清代粮政

官田与民田 清代田制多沿明旧，有官田民田之别。官田中最多为屯田、旗田；民田中最多者为民赋田、更名田。兹先述官田。清时各省屯田颇多，据高宗乾隆三十一年调查，天下土田共七百四十万四千四百九十五顷五十亩，而屯田占三十九万二千七百九十五顷六十七亩。（清制广十五步纵十六步为一亩，百亩为一顷。）竟占总额百分之六，边外各地，尚不在计内。盖其制度全袭前明，由军丁承粮，卫所管辖。军丁于耕作之外，有操演、捕盗、守卫、运粮之义务，故其科征轻于民田。世祖顺治七年，卫军裁汰，仅留运粮处所，而屯田仍旧轻科。世宗雍正十二年，又并内地卫入州县，仅留漕运各地卫所名目。论籍虽有军民之殊，而佃作方面已毫无差异。其后屯田辗转买卖，版籍淆漓，无实之名，终为赘物。高祖虽限期清屯归军，仍无结果。旗田为清代优养随从军人之创制，实为旗民之特殊财产。旗田之辖于内务府官者曰内务府官庄；拨付于宗室者曰宗室庄田；分散于各省者曰驻防官庄。内务官庄创于世祖顺治元年，每庄占地一千八百亩。庄丁十名，庄头一名，多以前明皇田官田充入。又有近畿百姓带地投求为庄头者，故有纳银庄头之名。二十四年以后，规定每庄纳银之数曰“庄粮”。凡庄头当差三十年不欠粮者，赏九品顶戴；五十不欠粮者，赏八品顶戴。庄粮以外，又有豆秸庄、稻庄、菜园、瓜园、蜜户、苇户、棉靛户等类别，大都供给实物以备官用。又有礼部官庄、光禄寺官庄等，分隶于各衙门，皆不属户部，极类似前代之职田。

此外更有不定租额之官庄，曰半分庄，皆系随时分益，满洲佃农多沿用此制。宗室庄田，纯为防止汉满杂居之圈地制度。顺治元年，世祖谕户部曰：

> 近京各州县无主荒田，及前明皇亲驸马公侯伯内监殁于寇乱者，无主荒田甚多……如本主尚存及有子弟者量口给与，其余尽分给东来诸王勋臣兵丁人等。

其方法系先将州县大小定用地多寡，使满洲人自住一方，而后以察出无主之地，与有主之地互相兑换。于是则民间永业随时皆有被圈可能，致庐舍田园，顿非其故，且有迁徙之劳，民间极感不便。顺治二年，虽有准民旧坟在满洲民地内可以随时祭扫，及四年准圈地以内之集坊仍留贸易之令，但仍不能缓和民气，抗命械斗之争，月必数起，迄顺治十年，始停止圈拨民间房地。康熙五十四年，停止指圈民地，拨给庄头地亩，由是民得安其居乐其业，不为补换兑给迁□所困。驻防庄田，系清代优遇旗民驻军在外省者。当时办法，一为拨地，一为支粮，除江浙驻军照经制支粮外，其他各处则多拨给园地，兵丁每名约三十亩，官员则无定额，视其驻防地人烟稠密酌配。拨田凡在六十亩以下者，户部有权自由处理，六十亩以上者须候旨定夺。

属于官田者，尚有学田。原系专供贫生学膳之用。顺治元年，曾通令各省核实贫生数目动支粮米，实为当时贫乏学生极大之补助。其田赋仍寄于州县田赋之中，每岁佃耕收租以待学政檄发，额内有山、塘、园、屋，但统名之曰田。所收有银有钱有粮，而统名之曰租。据乾隆十八年统计，天下学田有一万一千五百八十六顷有奇。

其民赋田，即系原有民田，除完粮契税外，政府并不过问，此所以民间自诩为老业者。更名田则为明代藩地赋给人民者，只更佃户之名，故曰更名田。世祖减亩谕有云："前明废藩更名，当时为藩封之产，不纳课粮，召人承办输租，止更姓名，无庸过割，谓之更名地。"至田赋征科极为不均，当另于下节详述之。

井田限田之试行 清代田制有足供研究者，则为试行井田与限田，虽结果不佳，而改革田制之动向，由兹可见。世宗雍正二年，从御史塞德之请，在直隶新城县拨地一百六十顷，固定县拨地一百二十五顷为井田范模区。挑选八旗户之无业者前往耕种。十六岁以上六十岁以下各给田百亩，周围八分为私田，中为公田。公田之谷，俟三年后征收。又于耕地所余，设立村庄庐舍。五年，修正前议，令将八旗满蒙欠粮户及犯法革退官兵发往井田，名为"开户"。户给田三十亩，银十五两。五户共给牛三头，交与管理井田官员约束。如开户犯法，给与良善之户为佃丁，但不得擅卖。

七年,又于顺天之蓟州及永清县划地试行。初,开户之怙恶生事者,有咨回加倍治罪之议,由雍正迄于乾隆试行十年之中,因犯亩而咨回开户达九十余人。廷臣觉新制不便,遂下令地方确查实力耕种者,改为屯户,向附近州县按亩纳税,于是改屯之田达一百五十四顷九十余亩,而井田之议亦寝。盖开户原为欠粮户及犯法革退官兵,其日常生活自不能安其本分,今期其守望相助,疾病相扶持,复行古制,岂可得乎?此其失败之重要原因。雍正之世,从漕督顾琮之议,试行限田法于淮安府,每人三十顷。大臣尹继善以为不可,与琮对辩于朝庭曰:

> 尔以三十顷为限,则未至三十顷者原可置买,即已至三十顷者,分之兄弟子孙,每人名下不过数顷,未尝不可置买,何损于富民?何益于贫民?况一立限田之法,若不查问,仍属有名无实,必须户户查对,人人审问,其为滋扰,不可胜言。

故限田之法行不久而亦废。

太平天国田制　太平天国之历史过程,虽为时甚短,但革命背景之伟大,不可忽视,其田制之改革,尤为时代之重要产物。依土质分田为九等,曰上上田,每亩年产谷千二百斤,上中千一百斤,上下一千斤,中上九百斤,中中八百斤,中下七百斤,下上六百斤,下中五百斤,下下四百斤。分田方法略异前代,不论男女一律受田,仅以年龄为等级,而不以年龄为界限。十六岁以上者所受之田，较十五岁以下者多一半，如十六岁以上分田一亩，则十五岁以下者为五分。受田品级无定制，系参照实际多寡比例匀分，一家之中如有六人，则上上与下下之田互相参受。据洪秀全诏书云：

> 凡天下田天下人同耕，此处不足则迁彼处，彼处不足则迁此处。

又云：

> 凡天下田丰荒相通，有田同耕，有饭同食，有衣同穿，有钱同使，则无处不均匀，无人不饱暖。

其农村组织亦极合理想，凡二十五家设国库一，礼拜堂一，两司马居之。二十五家所有婚娶，弥月、喜事、丧事，俱用国库，但有限式，不得多用。大都皆给钱一千、谷一百斤，通天下为一式。如二十五家之中互相有争讼，则诉两司马，不服，则诉卒长、旅帅、师帅、军帅。当收成时，两司马督伍长，除足其二十五家每人所食可接新谷外，余则概归国库。民间麦、豆、布、帛、丝、麻、鸡、犬、银钱之数，亦皆由司马记存于簿，以备查考。

清初赋制之沿袭　清人入关，对于明季加派之弊，不能立时改革，遇事因循，沿袭万历赋册，盖其时宫阙灰烬，百度废弛，明季赋额屡增，而籍册皆毁，惟万历时故籍独存，遂用万历赋册。朝臣有欲重订新册者，范文程力争不可，曰："即以此为额，犹恐病民，岂可更求?"乃悉照万历年间则例征收，而崇祯、天启诸加派者，尽行蠲免，民获苏息。但万历籍册实未必能适用于清初也。顺治《东华录》引十四年十二月谕户部："钱粮则例，尽照明万历年间。其天启、崇祯时加增，悉行蠲免。"特命户部侍郎王宏祚将各额定征收实数，编撰成帙，详稽法牍，参酌时宜。凡有参次遗漏，予以驳正。而民差则按田均派，与排门册对验，又启诡寄之门。富豪之家，田连阡陌，不应役差，奸猾百姓将田亩诡寄绅衿贡监户下，希图免役。夫既依万历籍册，则役钱已在一条鞭之中，今乃又以役从田，是因循之矛盾也。

地丁制度之创　地丁制度之实质，与唐之两税，明之一条鞭，不无类似。据康熙录载：

> 户部议准，给事中吴国龙奏，直隶各省解京各项钱粮，自顺治元年起，总归户部。请自康熙三年为始，一应杂项，俱称地丁钱粮，作十分考成。以每州县上中地正杂本折钱粮，开列总数，刊成定式。于开征前给花户，尽除别项色目。

故就地丁意义而言，固亦两税之"租庸杂调悉省"。亦即如一条鞭之"凡额办、派办、京库、岁需、与存留供应诸费之悉并为一条"所谓地丁合一者，实即"两税"与"一条鞭"之再度实施也。

明初力役出于田，田一顷出丁夫一人。此乃按田出丁，其后出银。明之银差有二，初行里甲时，富民出财，贫者出力，所谓银力从便，故丁有银差。正统以后，举丁徭上供之数，按丁粮而均征之。于是丁粮皆有银差之科派，而不问出力与否。其后上供者虽官为支解，而公私所需，复给银责里长营办，给不一二，供者什百，于是混丁入地而行一条鞭法。究其实际，厥有丁银，而差役终难尽废，清初袭用万历旧册，依一条鞭之额，而实则役从田办。丁粮自丁粮，田粮自田粮，而因田起役，仍不能废分丁粮与力役为两事，此殆明季视丁银为赋而非役之意义也。因田起役，乃一般常法，但人户有消长，田亩有盈缩。则役随田转，劳逸适均。田多者独充一名，田少者串充一名。力不劳而事易集。当时苏松二府，名为佥报殷实，不稽田亩。田归不役之家，役累无田之户，以致贫民逃徙。又有细民置产，惧差徭之累，立券书，诡寄绅士门下，藉以荫庇，而钱粮则自输纳。年月既远，豪强者夺其田，细民愚弱不敢较。即有讼于官者，官皆据券书姓名为证，细民反以无证受罪。是亦差役之病也。

康熙五十年诏云：

> 朕览各省督抚编审人丁数目，并未将加增之数，尽行开报。今海宇承平已久，户口日繁。若按现在人丁加征钱粮，实有不可。人丁虽增，地亩并未加广。应令直省督抚，将见今册内，有名丁数，勿增勿减，永为定额。自后所生人丁，不必征收钱粮。编审时，止将增出实数察明，另造清册奏报。

翌年又诏云：

海内承平日久，户口日繁。地亩并未加广，宜施旷大之恩，共享恬熙之乐。嗣后直隶各地方官，遇编审之期，只将实数另造清册奏闻。其征收钱粮，但照康熙五十年丁册，定为常额，续生人丁，永不加赋。

盖在一条鞭以前，役原随田办；一条鞭实施以后，役已统一于丁银。及其弊也，而丁银之外，复有力役。然明之丁银，原有十年一编审之例，其数字并非固定者可比，及于清世，则已定一丁银总额，以固定之数字，摊之于地也。一条鞭亦系摊丁入地，而□丁粮则因十年一编审之故略有变动。地丁合一之制，则始以固定之丁粮，摊之于地粮。至于丁粮本为力役，丁入地而力役不发，则后来之弊，两者均同。

自康熙五十年，固定丁粮之后，御史董之燧主张统计丁银，按亩均派，部议不便而止。然舍此实无其他长策。故广东、四川先试行之。雍正元年，直隶行之；二年，山西行之；三年，山东行之，五年，始通行全国。李绂论之曰：

赋以田科，役由户别，力役之征旧矣。《周礼》制役之法，在以地之媺恶，辨以国野之远近，均以岁之上下，而实则以家为率也。汉唐以来，名稍更而实同，名错出，则吏易缘为奸。自明定条鞭之法，然后名简而弊清。而地媺恶、国野远近、岁上下之别，则后世无闻焉。我国家爱民如子，恐民力不济，贫户丁钱，不能时输。乃酌盈剂虚，视地缓急，稍匀丁于地，以救民困。盖天下有贫丁，无贫地，役科于田，则地与国野与岁之别，在其中矣。雍正初元，畿辅丁役，悉均于粮，于是力役之征，下丁勿扰，视条鞭之法，愈益简明矣。

王庆云论之曰：

唐杨炎并租庸调为两税，而丁口之庸钱并入焉。明嘉靖后，行一条鞭法，均徭里甲，与两税为一。丁随地起，非权舆于今日也。我朝丁徭素薄，自康熙五十年定丁额之后，滋生者皆无赋之丁，惟均之于田，可以无额外之多取，而催科易集。其派丁多者，必田多者也。派丁少者，亦必有田者也。保甲无藏匿，里长不逃亡，贫穷免敲扑，一举而数善备焉。所不便者，独家止数丁，而田连阡陌者耳。

可知两税立而丁役合于租庸。两税之后，丁役仍不免。一条鞭立而丁役合于两税，条鞭之后，丁役仍不免。地丁立丁钱均入田税，地丁之后，力役犹存。然则地丁之制，亦无非使国家之岁入，独着重于田赋，而终为因陋就简之制度耳。

丁粮虽以康熙五十年为固定之数，但嗣后所生人丁，仍须造册具报，目为盛世滋生。迄于乾隆三十七年，又废五年编审之例，认为造册系沿袭虚文，永行停止。故丁口无册，始于是矣。

田赋用银之利弊　明时田赋，大体均已用银，而细民亦有为用银所困。顾亭林论钱粮曰：

往在山东，见登莱滨海之民，多言谷贱，处山僻不得银以输官。今来关中，自鄠以西，至于岐下，则岁甚登，谷甚多，而民且相率卖其妻子。至征粮之日，则村民毕出，谓之人市。问其长吏，则曰，一县之鬻于军营而请印者，岁近千人。其逃亡或自尽者，又不知凡几也。何以故？则有谷而无银也。所获非所输，所求非所出也。夫银，非从天而降，中国之银在民间者，既岁耗而月消。况山僻之邦，商贾绝迹，虽竭鞭挞之力以求之，亦安所得哉？故谷日贱而民日穷，民日穷而赋日拙。逋欠则年多一年，人丁则岁减一岁。率此而不复，将不知其所终矣。

又谓征用本色则贪官不得捆载以去，可以防贪。然大势所趋，本色论已不令合时宜，例如兵米一项，有司给与本色，而营弁以不能折色给价为憾，盖以其笨重而遗人厌也。康熙二十九年云南额征米麦，经抚臣石琳题定，使不需粮处，变米为银，免滋朽蠹，本色论已渐放弃。乾隆元年诏曰：

朕闻永平府属州县，凡征收钱粮，皆以钱作银。今该处钱价昂贵，民间纳钱，比之纳银，为费较重。朕思民间完纳钱粮，银钱在一钱以下者，向例银钱听其并用，原以便民。若数在一钱以上，又在钱价昂贵之时，亦令交钱，转至多费。

是征粮额在一钱以上，必须用银，已成先例矣。乾隆五十年，御史富森阿条陈民间征收地丁，请兑收本色，以准钱粮，以代采买。朝臣皆以为不可，且明令斥责曰：

条陈各款，其言似是，而于事皆断不可行。……不特更张烦扰，且地有肥硗，米有贵贱，一乡一邑，已各不齐。又何所折衷，作为定例？转启官吏抑勒侵渔等弊，况各省地丁钱粮，不下千余万两，若尽以易米，堆积既多，陈陈相因，必致红朽。此其事之断不可行者也。

时贤既主用银，而用银之弊，亦随之发生。所谓"火耗""平余""重戥"者，皆浮收以困民者也。按"火耗"之名，自明已有之。因由本色变而折银，解部之成色有定，镕销之际，不无折耗，于是州县征收此款，不得不稍事取盈，以补其折耗之数，亦犹粮米之有耗米。其后流弊滋甚，州县重敛于民，上司苛索于州县，一遇公事，加派私征，皆以"火耗"为名，未归于公而私先朋分其款。顾亭林论之曰：

火耗之得名，其起于征银之代乎？此所谓正赋十而余赋三者与？此所谓国中饱而奸吏富者与？原夫火耗之所生，以州县之赋繁矣。户户而收之，铢铢而纳之，不可以琐细而上诸司府。是不得不有资于火；有火，则有耗。所谓耗者，特百分之一二而已。有贱丈夫焉，藉火耗之名为巧取之术。此法相传，官重一官，代重一代。于是官取其赢什二三，而民以十三输国之十；里胥之辈又取其赢十一二，而民以十五输国之十。解之藩司，谓之羡余。贡之节度，谓之常例。责之以不得不为，护之以不可破；而生民之困，未有甚于此时者也。

各省火耗皆极繁重，山西各州县，每两收银有加至三钱四钱不等者，民生甚为艰难。雍正元年正月，颁谕布政司谓："今钱粮火耗，日渐加重。重者加至每两四五钱，民脂民膏，朘削何堪？嗣后断宜禁止。"翌年，山西巡抚诺岷奏请提解火耗归公，上谕许之。旨云：

州县火耗，原非应有之项，但通省公费各官养廉，有不得不取给于此者，朕非不愿天下州县，丝毫不取于民，而其势有所不能。且历来火耗皆在州县，而加派横征，侵蚀国帑，亏空之数不下数百余万；由于州县征收火耗分送上司，各上司日用之资皆取给于州县，以致耗羡之外，种种馈送，名目繁多。故州县有所籍口，亦肆其贪婪，上司有所瞻徇，而不肯参奏。此从来之积弊所当剔除者也。与其州县存火耗以养上司，何如上司拨火耗以养州县？见今州县征收钱粮，皆百姓实封投柜，其折封起解时，同城官公同验看，耗余与正项同解，分毫不得入私。则州县皆知耗羡无益于己，孰肯额外加征？是提解火耗，既给上下养廉之资，而且留亏补空，有益于国。

自山西提解火耗以后，各省亦皆次第实行，火耗遂成附加税之定制矣。清初，对于火耗之征，屡有厉禁。顺治元年，令曰：“官吏征收钱粮私加火耗者，以赃论。”康熙四年，又有额外科征许民控告之律；十七年有克取火耗上司徇隐之律；禁令非不严也。禁之而不能，则示意而为之限；限之不能，则明定其额而归之公；此后□附加日重之所由来也。火耗之外，更有平余。乾隆二年，硕色为四川巡抚，疏言川省陋例相沿，火耗羡余之外，银百两提解六钱，名曰平余，充各衙门用。上谕曰：

> 川省耗羡，向因公用不敷，每两完银二钱五分，朕御极以来，减去一分，止存一五之数。今据硕色之奏，不胜骇异。火耗报官，原以杜贪官污吏之风。若耗外复听其提解，岂非小民又添一交纳之项乎？……向来四川火耗，较他省为重，已谕陆续裁减。今闻该省不肖有司，巧为营私之计，将戥头暗中加重，有每两加至一钱有余者。彼收粮之书吏，倾销之银匠，又从而侵渔之，则小民受剥削之累不小，川省如此，他省可知。着各省巡抚转饬布政司，遵照征收钱粮之天平法马，制成划一之戥，饬各州县确实遵行。

于是不合法而额外征收之平余，经提解归公后，一变而为法律定规提解之平余。后虽以平余存贮本省藩库，而征收平余之基本原则并未推翻。至重戥之弊，尚为用银之小焉者也。

火耗平余之征，虽为清代粮政之秕策，究与田赋用银不无关系。各省州县，均恃征收余润以为办公，佐贰教职，亦藉此津贴。

不能养其廉，即不能惩其贪，故清代吏治终无起色。

田赋附加之沿革 田赋附加税之始，或以为自汉灵帝敛天下田亩十钱以修宫室，实则敛十钱乃临时以田赋为筹募之标准，而非另附固定之税于田赋。明代之加派，更苛于宋代之支移，而清代咸丰初年之按粮随征津贴，则又更甚于加派也。自康熙五十年固定丁额以后，并丁银于地粮，于是无地之丁，不输丁税，田赋正税，遂永远不增加。其后历朝懔遵祖制，不敢或违。正税既不能增，于是附加税遂层出不穷，终至超过正税十余倍，乃至二十余倍以上。雍正之火耗，乾隆之平余，嘉、道间之漕折，皆类似附加税也。火耗平余之征解，前节曾详言之，兹再补述漕折之意义。嘉庆、道光年间，各省漕粮多收折色，每石所折数目，各省并不划一，更有折银折钱之别。盖向来漕米之收，公然唱筹，计数七折八扣，而淋尖、踢斛、捉猪（仓役格外取米数石入仓，乡民拒之，声吼如猪，故曰捉猪。）、样盘、贴米等犹在其外。又有水脚费、花户费、灰印费、筛歑费、廒门费、廒差费，合计之则二石四五斗当一石。至于运京之际，虽官给运丁工食，而船只南回，准营私货，河道时有讹诈，此运纳之际又有黑暗也。达到之后，计每石所需运费，直三十两以上，实为极大之漏卮。故郑观应停漕议曰：

夫南漕自催征科调督运验收，历时半载，行路数千里。竭万姓无数之脂膏，养吏胥无数之蠡贼，耗国家无数之开销，艰难险阻，仅而得达到京师。每石之直，约需三十两以上。而其归宿，乃为每石易银一两之用。冗官蠹吏中饱，相沿不改，此其可为长太息者也。

基于以上漕粮秕政，而有清贤改折漕米之议。康熙、雍正、乾隆之间，虽局部因伤灾有改折者，计臣多予驳斥。迄洪杨役起，运道梗阻。咸丰三年，乃命有漕地方，随地抵支银两，每石折价一两。翌年诏曰：

苏省漕粮，为京廒支收大宗，原不准概行折色。今据该抚等沥陈办漕棘手情形，不能不量为变通。惟折漕银两，为采办米粮之用，所除折色银两，仍应递解部库，不得以军需藉口截留。

是折色已见诸明令矣。

以上所举火耗、平余、漕折三者，不过为田赋附加税之滥觞，而非直接之田赋附加，咸丰初年，按粮随征津贴，是为附加之发端。其时太平天国发难，各省筹饷不易，四川首办按粮随征津贴，每田赋银一两，随之加征一两。初则为临时征收，后以军备有增无减，遂为常赋。同治元年，石达开窜川，军需异常急迫，总督骆秉璋奏请加征捐输。酌量民力，较以岁入丰歉，预定总额，按粮赋多寡摊派分配于各县，随粮征收，每地丁一两，有输二三两至八九两者。不曰加赋，而曰捐输。为副人民利禄之愿起见，或予以议叙，或广文武科中额学额，以为提倡。仅以川省而论，年输一百八十余万两左右，计约三倍于地丁之数。

光绪年中，举办新政为名，各省多自由筹款，皆以田赋附加为罗掘之目标。所谓“警学亩捐”、“警学经费”、“规复丁漕征价”、“丁漕加捐”、“地丁改钱征收”、“酌复钱粮旧价”、“加收粮捐”、“新加粮捐”、“新加三成粮捐”、“规复差钱”、“加收羡耗”、“随粮捐收团费”等项皆为当时附加之名称。清廷听任各省自筹，故税率用途及征收方法，亦各互异。江西地丁，于正款耗羡外，起运项下，每两另征公费五分，提补捐款一钱，练兵经费四分，学堂经费四分，其钱价平余，则随所解银之多寡而定。征收方法，向系征钱解银，地丁每两征银一两五钱；内分正银一两，耗银一钱，提补捐款一钱，藩司公费一分，府公费一分，县公费二钱四分（倾镕火耗在内，捐提亦在内）。故正税与附加税之比，为一比零点五。江西米折，于正款杂款外，每石另征粮公费二分，提补捐款二钱，府公费五分，练兵经费五分，学堂经费五分。正税以每石一两三钱折解，而附加税之可考者则为三钱七分，其一三副米、脚耗米、脚耗银皆不在内。浙江之地丁，自光绪二十八年起，加征粮捐，计每地丁一两，连粮捐在内，折合制钱二千二百四十三文至二千八百文不等。迄于宣统，则附加更重，正款之外，有杂款、地丁、脚耗，带征茶税、船税、渔课，又有随漕耗银、地丁耗银、兵折耗银，而名为正式附加者，则有粮捐、串捐两种，其实杂款、耗羡、派解、捐提等项无一非附加之征。此皆始按粮随征津贴，苛繁百出，以累万姓耳。

民食政策概述　清承明末大乱之后，又以异族入主中原，战事绵延，杀戮甚惨。人民流离，田土荒芜，粮产减少，自为必然之结果。故清初即重开垦。康熙十二年诏曰：

> 自古国家久安长治之模，莫不以足民为首。务必使田野尽辟，盖藏有余，而又取之不尽其力，然后民气和乐，聿成丰亨，豫大之休。现行垦荒定例，俱限六十起科。小民拮据，开荒力物艰难，恐催科期迫，反致失业。嗣后各省开垦荒地，俱再加宽限，通计十年，方行起料。

雍正间，曾两下开垦之诏，凡地方官能招徕逃民，不论是否原籍，编入保甲，给以印信执照，永准为业。三年后视察成熟亩数，奏准征粮，不得预征私派，以劝垦成绩之优劣，为官吏考成之标准。顺治十五年，明定督抚一年内开垦荒田二千至八千顷以上、道府开垦一千至六千顷以上、州县开垦百顷至六百顷以上、卫所开垦五十顷至二百顷以上者，得分别议叙。又凡一年以内全无开垦者题参。已垦而复荒者，削去因开垦所得之加级纪录，仍限一年督令开垦。当时官吏争以开垦为功，藉图幸进。竟有捏报垦熟田亩之数，分摊田赋于众户。实则田不加关而赋日增，民怨咨嗟。康熙四年，乃停限年开垦之令。劝垦之田数，须取具里老无赔累荒地甘结到部，方准以议叙，所以杜官吏捏报要功之弊。但仍有以少报多者，及至升科之年，按册有余，按亩不足。乃又于康熙十三年诏曰：

> 各省劝令开垦荒地，广种农作，以资食用。俾无旷土游

民,原系良法美意。然必实力奉行,毫无粉饰,俾地方实有开垦之田,民间实受耕获之利,以此造报升科,方于国计民生,有所裨益。乃见题报垦者,其中多有未实,或欲以广垦见长;或欲以升科之多,迎合上司之意。其实并未开垦,不过将升科钱粮,飞洒于现在地亩之中,名为开荒,实则加赋。非徒无益于地方,而实贻害于百姓。嗣后凡开垦亩数,务必详加考核,实系垦荒然后具奏。

对于从事开垦之工监生员等,亦有奖励之法。凡垦地二十顷以上,试其文义通顺者,以县丞用。不能通晓者,以百总用。一百顷以上,文义通顺者,以知县用,不能通晓者,以守备用。乾隆三十年,定官员捐垦荒地议叙之例。凡本省文武官员捐给牛种、招垦荒地十顷、捐银一百两者,准其纪录一次。垦四十顷、捐银四百两者,准随带加一级。多捐者计算增加。

除上述之奖励开垦事业外,对于节约消费及务农劝耕亦极重视。世宗时,因闽广被水歉收,米价渐贵,乃诏天下曰:

夫米谷为养生之宝,既赖以之生,则当加意爱惜,而不可存轻弃之心。且资之者众,尤当随时撙节,不可纵口腹之欲。每人能省一勺,在我不觉其少,而积少成多,便可多养数人。若人人如此,所积岂不更多,所养岂不更众乎?

又指示人民节食之效益曰:

养生家以食少为要诀，固所以颐神善和，亦所以节用惜福也。况脾主于信，习惯便成自然。每见食少之人，其精神气体，未尝不壮，此显而可见者。

至其务农劝耕之设施，亦较前代为周密，天子亲耕、皇后饲蚕之举，盛行于康熙、乾隆之际。仲春亥日，皇帝躬耕耤田，王三人、卿九人从耕。帝所用耒耜及鞭，皆为黄色，以黄犊驾耒。王卿所用皆朱色，以黝牛驾耒。帝播稻种，王卿播麦菽黍种。仪式极为隆重。至耤田处，户部尚书进耒，顺天府尹进鞭。帝右秉耒，左执鞭，耆老二人牵犊，上农夫二人扶犁，顺天府丞持藏谷种青箱，户部侍郎播种，三推三返。虽收获量有限，但奖农劝耕之义极重，与纸上提倡重农，不可同日而语也。雍正二年，令各省督抚以下，皆有课农之责，应不时咨访疾苦，为农除害。又饬各省岁举老农中勤劳俭朴身无过犯者一人，给以八品顶戴荣身。盖以为农民勤劳作苦，手胼足胝，以供租赋，养父母，育妻子，虽荣宠非其所慕，而奖赏要当有加也。

清初定低田种稻、黍、秫、穄、麻，高阜种粟、谷，令民随地种植，以补耕获。蹂躏人田禾者，公王亦须赔偿；私伐他人树木者，照律治罪。皆所以重农事也。又舍旁田畔及荒山不可耕种之处，度量土宜，种植树木。以桑柘饲蚕，枣栗佐食，柏桐资用，榛楛杂木供炊爨，令有司课令种植，严禁非时之斧斤、牛羊之践踏、奸徒之盗窃。乾隆三年，河南一省能就土性所宜，植桑、柘、榆、柳、枣、梨、桃、杏一百九十一万余株，乃令他省仿行，颇著成绩。

畜牧亦为农家副业，世宗于注重种植之外，劝令孳养牲畜。

对于保护耕牛，尤为周至。盗牛一只，枷号一月，杖八十。盗牛十只以上，罪至绞监候。其盗宰耕牛者，罪更重，地方官吏亦须连带受严重之处分。据乾隆五十三年修订之律例载：

凡宰杀耕牛，私开圈店，及贩卖与宰杀之人，初犯俱枷号两月，杖一百。若计只重于本罪者，照盗耕牛例治罪，免刺，罪止杖一百，流三千里。再犯，发附近充军。

地方私宰耕牛，该管官不行查拿，将该州县照失察宰杀马匹例：一二只者罚俸三月，三四只者罚俸六月，五只以上者罚俸九月，十只以上者罚一年，三十只以上者降一级留任。

此皆为重农劝耕之政绩者也。顺治之世，复有结社助耕办法：凡乡民二三十家或四五十家聚居者，设立里社，遇农时有死丧疾病者，协力助耕。盖本疾病相扶持之遗意，较消极之劝耕更进步矣。

屯田与军粮　清代屯田，始于甘肃安西一带，迤逦而西，及于哈密清河，遍于天下北路。旋又发展迄于南路吐鲁番等地，此皆为戍兵解决粮食问题。乾隆二十五年，逐渐开拓，直通伊犁。屯垦者俱为汉满兵丁及充军人犯。每名给田二十亩至二十五亩，由公发给农具籽种口粮，并订奖惩办法。凡伊犁兵每名收获至十八石者，官议叙，兵丁赏给一月盐菜银两，收获至二十八石者，各加倍奖赏，十五石以下者议处。乌鲁木齐，则为十五石、二十五石、十二石以上及不及十石四等，其奖罚与伊犁兵同。塔城、乌什比照伊犁；焉耆、镇西比照乌鲁木齐。乾隆四十三年，准伊犁屯田兵丁携眷居住，与乌鲁木齐等处屯兵一律，以期一劳永逸。嘉庆四年，伊犁存粮达三十六万余石，乃就原屯绿营兵丁内，以一千八百名耕田，一千二百名操练。至嘉庆二十五年，伊犁屯兵种地，满营四万四千亩，商民垦地三万九千余亩，户民三千三十亩，绿营兵分户子弟三千四百二十亩。塔尔巴哈屯兵种地一万四千亩，乌什五千亩，吐鲁番一万四千七百亩。至光绪九年，左宗棠重定回疆，设置新疆省。每年兵饷七百余万两，各省协济颇形竭蹶，乃就天山南北路，再兴屯垦，故屯田之数大增。

东三省屯田，始于嘉庆十九年，先就闲散旗人内，挑选屯丁一千人，试垦于吉林，每丁给银二十五两，籽种二石，荒地三十顷。拉林、阿城、松花江一带，沃土云连，灌溉便利，农产极盛。旋又开屯于大凌河、锦县等处，田野日辟。光绪年间，始设行省，而直鲁移民日众，方全部开放。计自顺治十八年至乾隆三十一年止，因屯垦而增加之亩数为八十万顷。初无非为戍兵之饷糈，后以商贾小贩，纷往就之，亦各耕种以食，致田野日辟，农产激增，不仅兵食无阙，于整个之民食政策，亦有莫大之裨益。盖当时人口增加，而仓储之谷量减少，不设法屯垦荒地，则粮食问题更趋严重。

漕运之积弊 清都北京，官俸民食所资，皆以岁漕东南之粮接济，年需米四百万石。若漕运偶愆，京畿民仓，即生恐慌。漕粮有正兑、改兑及白粮之别。运京储存者为正兑，储于通州者为改兑，白粮为粳糯二米，分储于京通各仓。有漕省份为山东、河南、江苏、安徽、江西、浙江、湖北、湖南，而负担白粮者则仅苏州、松江、太湖、常州、嘉兴、湖州六属。兹将各省正兑改兑漕粮负担列表于后：

正兑漕粮　（单位：石）

省别	原定额	嘉庆十七年奏定数	光绪十三年奏定数
山东	280 000	83 259	161 549
河南	270 000	9 257	24 336
江苏	1 113 000	1 015 918	850 857
安徽	387 000	290 465	165 569
江西	400 000	351 684	501 715
浙江	600 000	621 474	584 998
湖北	122 943	93 676	94 188
湖南	127 057	95 546	95 483
共计	3 300 000	2 561 279	2 478 695

附注：光绪十三年所奏准正兑之数，乃为已除去永折米，改征黑豆米，并节年荒缺开垦报升不足之额。

改兑漕粮

省别	原定额	嘉庆十七年定额	光绪十三年定额
山东	95 600	42 903	78 233
河南	110 000	9 546	15 050
江苏	93 950	88 376	131 849
安徽	200 450	104 501	18 152
江西	170 000	151 882	
浙江	30 000	29 353	29 366
共计	700 000	426 561	272 651

附注：光绪十三年所定江西正兑之额，即包括改兑额，故改兑漕粮表未列入。

此外尚有麦豆永折漕粮及灰石改兑等类，为数无多，故从略。各省所征之粮，除有漕省份漕运京通诸仓外，余则大多留供本省之用。乾隆三十一年，户部所奏天下民田顷数，与征粮漕运留用数，似可作为统计数字之根据。盖当时正海内安然，民丰物阜，较为可靠耳。兹列表于后：

省别	民田顷数	本省征粮留用石数	岁漕京师石数	田赋银两
直隶	782 344	95 219	无	2 463 708
奉天	27 525	76 944	无	45 544
江苏	659 817	322 850	1 762 601	3 525 236
安徽	364 681	168 380	525 936	1 077 123
山西	535 481	123 546	无	3 609 325
山东	967 140	158 188	347 907	3 332 879
河南	731 736	29 136	173 177	3 232 216
陕西	259 579	31 948	无	1 555 513
甘肃	236 331	421 746	无	287 486
浙江	462 400	545 016	941 684	2 821 483
江西	461 006	129 526	770 310	1 939 126
湖北	568 444	154 141	132 396	1 121 043
湖南	313 083	144 196	133 753	1 178 357
四川	460 071	13 440	无	660 801
福建	138 047	313 913	无	1 278 570
广东	336 963	348 174	无	1 260 933
广西	99 752	130 420	无	391 352
云南	83 364	167 938	无	105 784
贵州	26 730	155 250	无	121 282
共计	7 414 495	3 529 970	4 787 736	30 098 761

规定缴纳漕粮为米，但其成色好恶极难确立标准，寻疵索瘢，挑剔自易。承办吏役，如虎似狼，藉口“天庾正供”为皇粮，百般需求，

逆其意者，刑章随之。粮户无声辩之余地，任其鱼肉。州县于收漕之时，浮收勒折；交漕之际，又须向漕运旗丁，交纳每船三百两之帮费，及各上司房钱，陋规极多。道光初年，两江总督孙玉庭鉴于浮收之弊，欲八折收漕，帮费减半。朝臣以八折收漕，类似加赋，且收漕之弊，非八折所能有济。八折实收，即为每石漕米增加二斗，揆其原意，以此二斗为浮收之限制，实则浮縻陋规，未能尽去也。户部议之曰：

> 运丁之疲乏，已屡经筹给津贴，无庸再议。惟州县浮收积习难返。必任法而兼任人，方能遵行无弊。着各督抚及漕运总督，仓□侍郎，通饬所属，杜绝浮收勒折，以清其源。裁革陋规，以遏其流。若有不肖州县，阳事阴违，立即参办；或运丁勒索州县，沿途衙门勒索旗丁，一律从严究办。

此不过官样文章，并无具体办法，而勒折浮收未尝稍减。宣宗批谕江苏巡抚陶澍奏陈漕弊情形手折，竟公然认为："各州县用度浩繁，不能不藉资津贴。"又谓："各州县稍有浮收，原非必藉以入己。"是直为官吏浮收而张目，此漕运之弊终不能革之最大原因。

地方官吏，既须缴纳规费，不能短少，而大户士绅具有势力，不易侵欺，势惟鱼肉小民，以资取偿。于正额之外，补以抵耗；上斛之际，又例须签据。粮户损失，已颇不赀，况又有对于米色百般挑剔，或谓恶劣不收，或谓潮湿不收，饬令更换。乡民之道远来自数十里者，一经退回往返，则损失更大，乃出纳小费，央求收纳。

于过斛入廒，又受踢斛、零尖之损失。小民不得已而托庇大户，以期幸免，生监人员，亦以包漕自任，从中渔利。上下交征，民固受损，官廪亦亏。胡林翼巡抚湖北时，曾详析致弊之由，实可谓为有漕各省之通病。其言曰：

北漕南米，合征分解。其征收米石者，谓之本色。以钱折米者，谓之折色。其征收折色，多寡不同。有本色多于折色者，有折色多于本色者，有本色、折色各半者，有全收折色者。每石折钱或五六千，或七八千，或十二三千，或十五六千，竟有多至十八九千者。其征收本色，每石浮收米或五六斗，或七八斗，或加倍收，竟有多至三石零者。此外又有耗米、水脚等项，分款另收。又有由单券、票样、米号钱等名，多端需索。民力几何，其能堪此。而州县则有所借口也。向来漕运到通时，不无津贴，方能折运入部，而丁船藉此需索兑费为数甚巨者，固无论已，即现在停运免兑，帮费可省。而粮道有漕规，本管府道有漕规，丞倅尹尉各官俱有漕规。院署有房费，司署有房费，粮道署及本管府道署各书吏有房费，此冗费之在上者也。又有刁绅劣监，包揽完纳，其零取于小户者重，其整交于官仓者微，民谓之曰蝗虫。更有挟州县浮勒之短，分州县浮勒之微，一有不遂，相率告漕，甚或聚众哄仓，名虽为民请命，实则为己求财，官谓之蝗虫费。种种蠹弊，盈千累百，无不取之于州县。州县既多冗费，势不能不向粮户浮收。州县既有浮收，势不能不受刁民挟制。于是大户折色之价日减，小户折色之价日增。土棍豪衿，多方抗欠，猾胥蠹役，从中侵欺。各州县之勒折浮收，半皆耗于上下冗费之中。而国家正漕之供，往往征不足数，则相率捏报灾歉，藉缓征为腾挪，而漕政因之日坏矣。

粮既起运，而旗丁骚扰勒索，沿途盗卖米石，以药名"五虎下西川"者搀入米中，药性发作，米即膨胀，用弥盗米之缺。更卖米后自沉其船而报遇灾者。种种积弊，至漕粮取消改行折色后，方为绝迹。

常平义社诸仓实况　明代仅设预备仓，而常平社义诸仓，不为常制。清军入关后，兵马倥偬，未暇计及民食。迄顺治十一年，近京地方，米价腾贵，有银不能易米，乃劝谕殷实之家捐输谷麦，以济饥民。经此饥荒之后，方知积储之重要，进而规复常平社义各仓，责成各道员稽察，为州县旧积料理新储各应行宜，呈由督抚每二年造册报部。令各州县自理罚缓，春夏积银，秋冬积谷，悉入常平仓备用。十七年定常平仓粜粜之法，严令各地方官整理常平仓，劝谕官绅士民，捐输米谷，照例议叙。乡村立社仓，市镇立义仓。公举本敦数重善良之人，出陈易新。十九年，以积谷原备境内凶荒，若拨斛外郡，则未获救济之利，本地人民必将惮于从事，嗣后常平积谷，留本州县备赈，义仓社仓积谷，留本村镇备赈，永免协济外郡，以为乐输者劝。二十一年，察识各省办理积贮，多有名鲜实，一遇水旱，仍未能接济。遂再申实力办理常平社义诸仓之诏。凡州县有升迁事故离任者照正项钱粮交代，如有短少，以亏空论罪。康熙时，州县有司，惟恐谷贮过多，平时难于照料，离任时又难于交盘，乃视积贮为敷衍之举。乾隆九年，各省米价昂贵，朝臣归咎于常平买谷过多所致，遂有停买食谷之令。翌年，以停买仓谷有失设立常平之旨，又令各省督抚酌量各地实际情形，向机处理。议定各省常平仓存谷标准额，计直隶 2 154 524 石；盛京 1 200 000 石；山东 2 959 386 石；山西 1 315 837 石；河南 2 310 999 石；江苏 1 528 000 石；安徽 1 884 000 石；江西 1 370 713 石；浙江 2 800 000 石；湖北 520 935 石；湖南 702 133 石；四川 1 029 800 石；广西 1 274 378 石；云南 701 500 石；陕西 2 733 010 石；甘肃 3 280 000 石；福建 2 566 449 石；广东 2 953 661 石；贵州 507 010 石。共计 33 792 335 石。此次重行规定谷额之故，亦缘于米价日增。不过自直隶迄于广西等十三省之额，皆系依照雍正年间旧额，惟云南地处极边，不近水次。西安甘肃沿边积储，兼备军糈。雍正时，仓储多寡无定，乃依乾隆十三年以前现额为准。福建环山带海，商贩不通。广东岭海交错，产谷无几。贵州跬步皆山，不通舟楫，仓储宜稍充裕，故即以当时现存谷数为定额。

各省常平储谷虽有定额，然官吏因循玩视，不为先事预计，往往临时邀恩截漕，藉为常例。自乾隆十八年至二十七年中，各省截留漕米五百四十余万石，平粜米四十六万余石，京通两仓，积储缺乏。安徽巡抚托庸请速筹补常平仓谷，高宗以为不必行，且诏曰：

陈编所载余三余一之文，固为足食本计；第在当时，原属地旷人稀，又列国各守其封域，持筹者可以随宜措置。以今幅员之广，生齿之繁，岁即属丰，而三农生谷，只有此数。采购于官庾，捐输于绅士，条款虽殊，其为地方所产则一。与其辗转挹注，名异实同，又何如即以此留之民间，俾饔飧倍为饶给乎？朕御极以来，曾议直省仓储，宽裕买补。旋闻市价增长，即令停罢。盖以小民未获将来粜贷之利，而先受目前食贵之艰。譬诸日食四餔者先夺其一二，而语之曰，吾将为尔他日待哺计也，彼不生感而生怨矣。此中先后得失，其理较然不爽。况朕念切民依，偶值偏灾，即截漕动以亿万计。年来粮艘正供自足，太仓之粟，可预备二三年而赢，此亦足矣。计臣即緦緦较量，朕皆不以为然。国家升平富庶，内府外府，均为一体。凡官廪兵糈岁支之数，岂缺于供？若以补漕粮而议捐谷，又因议捐谷而先运常平，不独徒费输挽之劳，且他省闻风踵起，地方因缘垄断，必致米价踊腾，闾阎转滋弊累。即云不动声色，似此多立条规，转向仿效，其为声色更何待言。揆之经常不易之道，惟为民食留其有余，国用自无不足。居今承平日久，口增而产米只有此数。倘民间或遇必资通融协济之处，亦不过临时善为补偏救弊耳，无他一劳永逸之计也。至执三十年制国用之说，拘文牵义，更制而事不可行，封建井田诸旧法，又岂可得复议于今日？所有转运常平以补京通诸仓谷米之议，决不可行。

及至灾荒发生，州县以仓无积谷，未能赈济。乃又通令整顿，责州县不肖官吏，任意侵挪亏缺，殊不知忽视仓贮，已始于前诏矣。

常平仓谷本初定以州县自理罚锾银拨充，及劝绅民乐输，因收本极微，故于康熙三十一年先后令浙江、山东，每亩捐谷四合。四十三年，令陕西、甘肃依照应征地丁银一钱米一斗者，令其捐粮三合，以为谷本，又有由官输者，如康熙五十四年将湖北全省官府捐谷三万五千石，分拨各地存储。又有截留漕米，或动帑拨司库盐茶各税银买储者，或由盐商捐谷，或出于捐纳贡监。捐纳之例，始于雍正四年，以江南地广人稠，需米倍于他省。动帑买运，以济民食，恐稽时日。故照河工议叙贡监之例，将银改为本色谷米。每银一两，收米一石，或谷二石。由州县酌量应输多寡，俟足额后，加谨存储，按季造册报部，不准私收折银及勒索包揽。乾隆三十年以后，陕、甘折色日多，遇有需谷米时，仍不敷给，乃向民间采买，勒买之弊随之而生，遂停捐监事例。翌年，停直隶、安徽、山西、河南等省捐例，越二年，又停福建、广东、云南等省捐例，至各省仓谷，倘有缺额，即动项买补。如库项不敷者，则随时奏请拨给，此为常平仓谷本来源之确定，而不徒依捐助也。

当初设常平仓时，以多出自人民捐助，不能限制种类，故米、麦、谷、豆、高粱，咸皆收纳。江南地方潮湿，米在仓一二年，便至红朽，不若稻谷可以耐久。乃定制各省仓一律改储稻谷，凡现存米者，以一石易谷二石。雍正三年，江西、湖北、湖南、四川四省贮米皆在五十万石内外，令于一年以内，改易稻谷。江淮截漕米，广东存仓米，皆八万余石，广西存仓米十万石，分作二年改易稻谷，云南米五十七万余石，贵州米四十余万石，一二年内不能尽易，乃将云南所给兵粮十九万四千六百余石，贵州兵粮九万五千六百余石，从存仓米支给，至秋成时征收稻谷补仓。云南限四年，贵州限三年，皆应如期易完。各省仓米改易稻谷后，除额征兵饷仍收米外，余征稻谷，其有亏空仓米，亦以稻谷追补还仓。乾隆十四年，以各省出产不同，食尚亦异，常平仓贮，未能尽限稻谷，乃定杂粮折抵一石稻谷之比例：山东豆一石，麦六斗。河南黑豆高粱一石，麦七斗。江苏大麦一石，黄豆、小麦五斗。安徽大麦、粟、谷、秫一石，粟米、黄豆、小麦五斗。陕西小麦、黄豆五斗。四川小麦五斗，莜子九斗，青稞八斗。贵州小麦、莜一石。甘肃粟米、小麦准互抵，青稞、青豆，亦准互抵大豆。于是常平仓积贮之量，较前更丰。

存粜买补之制，亦随时因环境之需要，而有措施之异。顺治十七年，定常平仓春夏出粜，秋冬籴还，所谓出陈易新者也。康熙三十年，定为除散赈不限时令外，余于每年三四月中照市价平粜。五月中将平粜价银尽数解贮道库。九月初旬，仍令各州县买新谷还仓。三十四年，始题准江南积谷以七分存仓备赈，三分发粜，秋收买还。所谓存七粜三者也。其后又定各州县超过积谷定额以外之米，均按时价易银，解存藩库。（积谷定额为大州县一万石，中八千石，小六千石。）其存仓者每年以三分之一出陈易新。考其实际存粜之数，极不一致。如康熙四十九年，准甘肃于粮贵之年，存米粜半，粮贱之年，存七粜三。又如雍正十九年，准江南各地存谷之数，可酌量办理，不必拘定存七粜三之例。又有因各地地势高卑燥湿而变更存粜之数者，如湖南长沙等四十五州县，地势干燥，定为存七粜三；永州等三十一州县，地势稍湿，存半粜半；龙阳等四县，地势尤湿，粜七存三。乾隆七年，以粜三存七之制，如遇荒年，无补于民食，乃饬地方官吏，交出仓储，减价平粜，务期有济民食，不必拘泥成例。或全数停粜，或酌粜十之一二，皆因时因地而异。

仓谷出陈易新之粜价，在成熟之年，每石照市价核减五分；米贵之年，照市价减一钱。但州县出粜仓谷，弊窦百出，就其著者约有三端：（一）米价平稳之年，出陈谷时，民间多不愿买，于是有勒派逼借之举。致民间闻官放谷，反愿贴钱文于胥吏，而不愿领谷。（二）买谷者大半为近郭居民，甚或如衿户、役户、牙户、囤户，与仓书捏名报买。仓内役丁，又乘机窃购。故在市价高于官价时，乡农及一般贫民，仍无实惠。远路来奔，而仓谷已空。（三）仓书藉故稽延开仓日期，使购买者花耗时间于中途往返，若暗出小费则可得谷。出陈易新之义，原系指仓贮之常制，至于小歉之年则平粜，中歉之年则贷粟，大歉之年则赈济，故买补以弥缺额，亦为常平之要政。照例出陈易新，春粜麦，秋籴还；夏为青黄不接之时，所粜为米谷，则于冬籴还。如应籴还时，谷价仍贵，准予次年秋间买补，而将粜价缴解府库，或向邻省邻邑价平之处，采买归补。又如次年仍谷贵，则不再延，必须采买，以重粮政。粜价不敷时，得于通省拨补，倘再不足，即将粮价运费脚费于藩库存公银内酌量拨给，造册题报，免致官吏赔贴，或派累里民等弊。

常平之制，法良意美，行之不善，则流弊种种。收受之际，谷之干燥，强谓潮湿；用斗用称，出入之间，大小相悬特甚，小民无知，听其愚弄。乾隆元年之诏，不啻揭发存粜买补之隐弊诏曰：

乃闻各省州县，于仓谷出入，竟有私派百姓者。当出粜之时，则派单令其纳银领谷若干，及买补之时，则派其纳谷领银若干。纳银则收书（收款之吏）重取其赢余，纳谷则仓书大肆其抑勒。甚至以霉烂之谷为干洁，小民畏势，不敢不领，惟有隐忍赔累而已。更有山多田少地方，产谷无多。该地方不能向他处采买，但按田亩籍册，核算发价派令百姓，将田亩岁收之谷交仓，绝不为民间计及盖藏。只有十余亩之田，而亦责其承买谷石者。在附郭居民，去仓廒不远，尚可就近转输。至远乡僻壤，离城或百里八十里之遥，亦一概令其领银纳谷。小民肩挑背负，越岭登山，穷日之力，始至出纳之所。而奸胥蠹吏，又复任意留难。及平粜之日，窎远乡村，更不能均沾实惠。

嘉庆四年，刘权之论其弊曰：

地方官藉端肥橐，辄在本地派买，不论市价贵贱，止发银四五钱不等。并勒令出具照时价领票。兼之差役需索使费，以致领票花户，不愿上纳谷石，惟求缴还原封银两，虽另外加倍缴价，较交谷犹为省事。甚至有力富户，贿属书吏，将本名下之谷，飞洒零星有田之户，富户转得少领。竟致完善良民，衣食难周，深受采买之累。地方止图折价入己，遇当平粜之年，仍无存贮之米。

于是乃改向邻邑采买，盖以境非所辖，民非所牧，不致有派累勒索之弊。乾隆五十一年令,州府先将地方产谷丰啬,市价高低,报明督抚,再具印结,领取谷价,派委采买,随买随收,立限交仓,不许州县自行买运。买竣之后,由府验明确数,具结由道转司,汇送督抚查核,所以思防弊者至矣,而仍不能杜弊。州县官领款之后,延不买补,挪作别用,流弊更大。道光二十六年,议准领价后勒限六个月买补。逾期不买,即由藩司咨参,罚俸一年。再限三个月买完。倘仍未完,革职留任。如查有亏缺,即行严参。翌年,又议准州县买补仓谷,捏报完竣者革职,上司徇庇不参,降三级调用;失察者罚俸一年。如有勒派具领,暗收折色,及短发价值者,具降三级调用。法令固未尝不严,而采买派累之弊仍未尽革。

当时官吏考成多以积谷数多寡及办理成绩优劣为标准。顺治初,责成各道员专管稽察旧积,料理新储,按积谷多少,以定该道功过。康熙十九年,又定州县官于岁底将仓谷数目,呈报上司转部。储多者,管仓人给与顶戴。有官吏掊克者,照侵欺钱粮例处分,强派抑勒,借端扰民,罪之。二十一年,定州县官劝输仓谷奖叙之例。凡一年以内,劝输米二千石以上者,纪录一次;四千石以上者二次;六千石以上者三次;八千石以上者四次。万石以上者加一级。至处分之例,恐有畏罪过派累苦小民之弊,未预定。四十三年,又议定州县霉烂仓谷处分办法。凡仓谷有霉烂之处,督抚题参革职留任,限一年赔补,赔完免罪复职,逾年不完,解任。二年不完,定罪,着落家产追赔。补完之日,令府道出具印结,申缴藩司督抚存案,以杜挟捏之弊。如有亏空,道府分别议处。四十七年,定州县官经理仓谷议叙议处之例,州县官于额贮积谷之外，买谷贮仓，盘查赢余，准其议叙。或捐谷本仓，以少报多；或将现存之米，捏作捐输，以邀议叙，后遇本官任内有亏空发生，除知府分赔外，原报之督抚，一并议处。至职官将仓谷私借与民，计赃以监守自盗论，所少谷石，着落追赔。以上各项条例，皆为针对州县官管理仓储之弊，可谓极为严密，然而亏挪侵冒之弊仍未绝。雍正元年，据刑部尚书励廷仪言，以各省存仓米石，虽有道府盘查，不能保其一无徇私，当责之严加核实造报。督抚离任，将籍册交代新任，限三个月查奏，如有亏空，即行题参。徇庇者议处，仍令分赔。诏从其请，乃通饬各督抚查实存仓米石，并派大吏分赴各县查仓。以前定亏空仓谷处分太宽，乃议定谷一石，比照钱粮一两科断。重立罚例，优蚀一千石以下，拟斩，准徒五年。一千石以上拟斩监候，不准赦免。所侵欺谷石，仍严追赔偿。挪移数止千百石者拟徒。五千石以上者流。一万石以上者充军，二万石以上拟斩。能于一年以内补偿者免罪。实系霉烂在三千石以下者，革职留任，限年赔补。三千石以上者，即以挪移论。旋改为州县怠玩不修理盖造仓廒以致谷米霉烂者，革职并勒令赔完，如限期内不能完竣，照侵蚀罪按数科律，遇赦不宥。雍正五年，定常平仓盘查事例，仓谷春间出借，秋后缴还，务于十月内办理完竣报部。岁底由州府盘查，逾限未竣或捏造事实者，照数追赔。如有影射作弊，冒借人己者，绅衿黜革，牙蠹拿究。所欠仓谷，加倍追赔。乡保有无受赃，分别治罪。再仓谷出借时，奸商势豪，捏名零星粜出，囤积谋利者，地方官严禁之，州县官以粜借为名，掩饰亏空者，分别以侵挪定罪。其盘查之道府州，并该管督抚，隐匿徇庇，照例处分。仍将所亏仓谷，着落分赔。盘查之律，法至严也；而乾隆五十七年，高宗犹诏其弊曰：

> 倘督抚不能洁己率属，致属员持其长短，遂尔心存迴护，概置不办。即多设科条，亦属有名无实。……更有并不实力稽察，惟以盘查无亏，一奏了事。

其盘查之时，大抵根据册报，复凭仓书具结了事。盖所谓实力盘查者，亦有事实上之困难，米石数量，不复斛量则不能断其虚实，逐仓斛量，亦为事实上所不可能，故仅凭仓书之结，藉以转报耳。州县之所以敢于挪侵仓谷，正惟上以诛求于下，下惟侵挪以供于上，故虽三令五申，自督抚司道府县，只有串通一气，欺上凌下，纵有清廉贤明之吏，敢于切实顿整，亦惟恐开罪于上司，而终不得不挟同徇隐。及至无可掩饰，其卸任之后，一参了事。何况督抚司道，亦尝身历其境，故不愿切实盘查，视为敷衍故事。再则谷米易于霉烂，官吏惧赔累，不愿储谷，而愿存谷价，既便侵挪，又私肥橐。此州县仓谷之通弊也。经太平天国之役，各省诿为仓廒荒废，盛行积钱。光绪戊戌变法以后，号为新学之士，则又主张积谷不如积钱，积钱不如兴学，乃以钱兴学，年余并谷价而亦无存。饥荒之来，遂失所备，常平之制，随积钱新政同归于尽矣。

清初社仓，仅就明末原有者保持。康熙十八年，始有乡村立社仓市镇立义仓之诏。二十八年，因直隶旱灾，重申举办社仓诏，但效果极小。实由于劝输困难，径理棘手，官吏苛扰所致。先以直隶为试办区域，议定本乡出谷，贮之本乡，由诚实之人经理，上岁加谨收储，中岁粜借易新，下岁量口赈济。雍正二年，令各省设立社仓，但组织漫无标准，州县辄以官法相督，不听民间自理，更有照正赋额一两加征社谷一石者，苛例烦扰，民不安居。乃议社仓法颁行各省。仍以各地风土有殊，颇难划一，遂改选择一省中数州县先为试行，俟效著后再推行全省。兹录社仓之重要组合如社本、储散、社长、经理诸端如次：

社本　社本既以劝奖人民捐输为源，则对于输纳之奖励亦必优越。康熙五十四年，准富民捐谷五石者，免本身一年杂项徭役。多捐者以倍数按年递加。绅衿捐谷四十石者，州县给匾；捐六十石，知府给匾；八十石，本管道给匾；二百石，督抚给匾。其富民好义，比绅衿多捐二十石者，亦照绅衿例次第给匾。捐至二百五十石者，咨吏部给予义民顶戴，照未入流冠带荣身。给匾之民家，永免差役。雍正二年，社仓法规定不拘捐数升斗，凡十石以上，给以花红；三十石以上奖以匾额；五十石以上递加奖劝。其有好善不倦，年久数多，捐积至四百石者，给顶戴。乾隆六年，题准一人连年报捐，先后积算至十五石以上者，亦准递加奖劝。又改定捐至三百石者给八品顶戴，四百石者给七品顶戴。是年并议准山西省社仓奖励办法，捐十石以上至三十石者，给花红；三十石以上至五十石者，地方官给匾额；捐至百石者，府给匾；二百石者，道给匾；三百石者，布政司给匾；四百石者，巡抚给匾；五百石以上者给八品顶戴。连年捐输仍许积算。地方官劝输，大州县每年定千五百石以上，中州县千石以上，小州县五百石以上，均于计典时开明考核。社本除出自人民捐输者以外，有从加二火耗银拨充，如陕西原应于雍正四年减裁每两五分之火耗，但复奉令征收，以充社本。计四五两年所征银两，买麦谷十四万五千八百余石，各县社仓，可得本千石。又有由常平仓及官庄存谷拨充者，如云南、贵州等省是。广西则拨常平仓之息谷充本。因官拨社本，则受州县监督，虽民选仓正社长，仍无异官办，社仓之原义渐失矣。

储散　储存米谷，先于公所寺院收存。俟息米积多，再仿常平仓廒例，建仓储藏。每谷四百石，建廒一间。如财力不能建仓，则暂租赁殷实富户宽余房屋贮存，不许存于社长家。建仓可动用息谷，由同社乡民报明乡长，公同勘佐修造，具结报官存案。出纳手续，系于每年四月上旬，由社长申报地方官吏依例给贷，定日支散。十月上旬，申报依例收纳。均照部颁斗斛，公平较量，不得抑勒多收。临时愿借者，先报社长，州县计口给发。交纳时社长先示限期，依限完纳。其簿籍之登记，每社设立用印官簿，同样者二本。一本社长收执，一本缴州县存查。登记之数目，不得互异。其存查者，夏则五月申缴，至秋领出。冬则十月申缴，来春领出，不得迁延，以滋弊窦。每次事毕后，社长州县，各将总数申报上司。如有地方官吏抑勒挪借、强行粜买、侵蚀等事，社长呈报上司，据实题参。即同邑之社，亦不得以此应彼，互相移借。又防借贷时发生流弊，复规定由社长豫造排门细册，将姓名年貌住址以及官绅士庶商贾，逐一注明，遂官用印存案。日后借贷，悉以此册为准。游手好闲者，不许借贷。除正副社长外，再公举身家殷实者一人，总司其事，不时察查。如有欺隐，令其赔偿。若积谷过多无人借贷时，于秋夏之较，减价平粜，秋收后照价买补。如为丰年，全行借出，按谷收息。贫无依靠者，亦准其量借升斗，以资接济。与实有力不能偿或逃亡故绝者，取具里邻甲保结状，地方官加具印结，题请豁免。其为社长侵蚀，一经告发，照例治罪。社长不能如期赔偿买补时，着落州县赔补。社仓息米，原定每石取一斗，雍正时改为二斗。小歉减息之半，大歉全免，止收谷本。至十年后息已二倍于本时，止以加一取息。息谷大抵以一斗计算，七升还仓，三升为社长办公之费用及役工饷食。亦有动用以修建仓廒及民田水利与抚恤之举。

社长 康熙四十二年试办社仓于直隶时，其属于旗下村庄者，由庄头中之愿收管者管理；属于百姓村庄者，则由本乡中诚实之人管理。迄于雍正初年，乃规定每社设正副社长。择端方立品家道殷实者二人充之，果能出纳有法，乡里推服，按年给奖。十年无过，给以八品顶戴。徇私者即行革惩，侵蚀则按律治罪。乾隆十年，议准各省社长，三年更换一次。选择殷实良民补充，将经手社谷同乡保互相交代，取结报官存案。经管三年，毫无弊窦，同社公议得仍留任三年。二十四年，以江苏地方充社长者，多有赔累，且招劳怨，不愿充当，遂落入渔利之徒手中。乃规定每社选殷实公正居民数人，轮流充任社长，一年一易。则经手时间不长，不致赔累，且交代亦无他弊。四十一年订社长考成办法，一年无过者，给以花红。三年无过，给以匾额。五年无过，免一身差役。陕西、甘肃等省不称社长而称仓正仓副，亦由民间推选，司出纳保管之责，但以社本多系靠加二火耗拨充，故州县官可以干涉，所谓民选仓正副者，不过充州县耳目也。

经理　兴办社仓原则，系社本出自民间，储散亦由民间推人经理，州县官不得参预，致生挪借抑勒之弊。清代各省社仓，大致皆由民间自行经管，独有本出于官者，则失社仓□原义。陕甘社仓之本，前曾述及动拨加二火耗，由州县向司具领，如有亏累，州县须负全责。故州县多以社仓之管理，交于胥吏家人幕府承办。为预防免累起见，致出陈则勒买，易新则勒借。人民称社谷为皇粮，不独无救济灾难之实惠，而先有扰民之弊。世宗颁谕勒石，略以："国家建立社仓，原令民间自行积贮，以百姓之资粮，济百姓之缓急。春贷秋偿，滋生羡息。各社自为注管登记，有司但有稽查之责，不得侵其出纳之权。"其由加二火耗拨充社本者，亦系"小民切己之资财，而代民买储之仓粮，即小民自捐之积贮。地方官有于社仓谷石，创议交官，不交百姓。或指称原系公项，预为公事挪侵之地步者，俱以扰挠国政贻误民生论，从重治罪"。迄乾隆三十七年，议准社仓谷石，责令新旧州县盘查交代，取其印结送部查复，仍于年底，将收支各数，造册题报。至此，社仓不论官本民本，一律俱由地方官经理，社长则由州县选充。盖州县官之新旧交代，又涉及社仓之盈亏羡耗，自不能听由民间自理而受累也。

社仓之弊，因州县经理而愈多。迄于嘉庆四年，又下归民间自理之诏曰：

> 社仓原系本地殷实之户，好义捐输，以备借给贫民之用。近来官为经理，大半藉端挪移，日久并不归款。设有存余，管

> 理之首士与书吏，亦得从中盗卖。倘遇俭岁，颗粒全无。以致殷实之户，不乐捐输。老成之首士，不愿承办。是向来良法，徒为官吏侵肥，应一律查禁。仍将各省社仓，听本地殷实富户，择其谨厚者，自行办理，不必官吏经手，以杜弊窦，而裕民食。

于是各省社仓，又一律由民选正副社长，司出纳之责，仅报官存案，而无州县指名派充之事。但民间经此变化，又恐收为官理，捐输者不甚踊跃，经理者不负实责，社仓之制，遂亦渐废。

义仓之设，始于雍正四年之两淮盐义仓。由盐商捐谷本三十万两，建仓贮谷于扬州。由盐商选人经理，于青黄不接时，照存七粜三例，出陈易新。或于米贵时，开仓平粜，秋成籴补。或赈济地方水旱之灾，由江苏巡抚具题动支。五年，分设义仓于各近灶地方，以备贫苦灶户之需。乾隆七年，始推行于山东行销票盐地方。以销票多寡之额，定为三等，照票输谷。上等每票输谷二石，中等一石五斗，下等一石。分限二年交仓，即作为章丘等三十九州县义仓之本。又令盐商出资建造仓廒，遍设于各该城乡村镇。仿社仓例，春散秋收，借给贫乏穷民，加一收息。每处立社长正副各一名。贮谷在二千石以上者，另设斗级一名，四千石以上者二名。每加二千石，增加斗级一名。社长社副，年给谷息二十石。斗级年给十二石。地方官吏任出借、收领、稽查之责。乾隆十二年，山西设立义仓，谷本均为士民捐输，照社仓例分别给奖。县能捐俸提倡者，五十石记功一次；一百石记功二次；百五十石记功三次。

二百石以上者,先记功三次再注册送察核。三百石以上,于现任内记录二次。义谷选仓正仓副管理之。分乡收贮,春借秋还,加一取息。游惰人民,禁其滥借。如附近村庄,猝遇冰雹,例不成灾,但农民有缺乏口粮籽种者,可将谷借出。出陈易新时,尽先以杂粮易出。俟本息充足,再照存七粜三办理。息谷以十分之一为仓正副纸张饭食之需,以十分之一为折耗,又以十分之一为赁房贮谷之费。遇仍收免息之年,所需费用,于上年余剩息谷内借支,下年归还。州县官交代时,亦有盘查之例,故歉受官吏经理,原意渐失。至嘉庆六年,所有义仓,皆与社仓同时发归民间自行管理,始又复原态。仍选仓正副各一人,经理一切出纳事宜。限定非本乡农民不准借谷;又已借常平仓谷者,不准再借义仓之谷。取息办法,亦略经变动。直隶省年成在八九分者,加一收息,六七成者免息,每石止取耗谷三升。在五成以下者,缓至次年秋成还仓。原借杂粮者,按粮价易谷还仓,应加息者,照谷数加息。河南、山西、广西三省,每石收息一斗,歉年免息。湖北、江西二省不收息。义仓办理正上轨道,而太平天国之役起,仓贮废弃不可复矣。

总以上所述常平义社诸仓之设置,皆于粮政上有莫大功绩。虽奸吏挪侵抑勒,究系人的问题,而非制度本身之不健全。此外尚有营仓,备兵士借籴之设。以直省提镇驻扎之地及凡属沿边、沿海、与距省垣遥远者,均设立之。其谷本大半动用漕粮,或司库银,由各营将备经营,于青黄不接时出借,或办平粜,于收成发饷时扣还买补归仓,并不计息。盖此种制度又为谋解决一般民食以外之粮政也。

禁止粮食出口 清代海禁大开,交通便利,商人之贩米出洋以图厚利者,比比皆是。但从民生经济着想,从整个国家之粮食政策着想,均有切实禁止之必要。康熙十八年,江浙沿海兵民贩米出洋,冀博重利,特遣户部郎中布詹等巡海,如将军督抚提镇所属人员有犯禁者,随时访缉。四十七年,佥都御史劳之辨又以江浙米价腾贵,皆由内地之米,为奸商贩往外洋之故。须严海禁,杜绝商船往来。户部议复,以为自康熙二十二年以来,海禁开关,商民两益,不便禁止。如为奸商私贩,可于崇明、浏河、定海、乍浦各口岸加兵巡察。商民除食米外,违禁装载五十石以外贩卖者,其米入官。官弁私放者参处。五十六年,定本国出洋船只登记办法。食米限每人每日一升,另给一升以防阻风。此外余额,经查出后悉数入官。小船偷载米粮转运大船者治罪。复于雍正六年,核准每船所带米石,暹逻大船三百石,中船二百石。噶剌吧大船二百五十石,中船二百石。吕宋大船二百石,中船一百石。埭仔等处大中船皆百石。皆有偷漏,以接济外洋例治罪。雍正八年,以采捕渔船夹带米谷出洋,皆由私牙代买、囤户豫积、小船搬运以及停泊移游不定故。乃定取缔办法如下:(一)米牙须身家殷实者充之,另须取具邻甲同行保结,如有串商代买,连同具结者一并治罪。(二)海滨居民有囤积私粜者,邻甲举首免罪,止罪本人,容隐发觉,并行连坐。(三)外来船只,均令停泊于进口处。令各港澳小船,令地方官按数查明,编册取具互结各营泛实力盘查,如有盘出私米及首报者,赏给十分之三。在洋面拿获者给半数。

奉天贸易海口船只载粮亦有限制。往天津者,每名准携粮三斗，往山东者五斗，往江南者一石。其往福建、广东诸地，虽路途较远，但携粮准同江南例，盖经由浙之宁波、江南之浏河等处，可以逐程买补也。载米超过规定限制者，以私贩治罪。凡产米之地各海口文武官员，每月须出具并无粟米出洋切结，送督抚提镇存查。俟后如查出具结之月份确有粟米出洋，即行题参。

福建本为缺乏米粮省份，而其沿海各属间之互相粜籴又非经海道不可，故防范走私极为困难。乾隆间谷米出洋者，多藉福建为出口处。乃规定各属间互购食粮，均须领取护照。凭照至采买地方验照后，准其买足。即于照内注明所买数目，移咨原籍查对。逾地偷买者究办。官弁故纵者亦罚。福建歉收之年，往往委官于米贱省份分采办米，由海运入闽。而奸商猾吏乘机夹带私米出洋，故乾隆八年，有不准闽省招商贩运米粮之令。

偷运米粮出洋之罚则，创议于乾隆元年。至十三年，始以偷运麦豆杂粮出洋，亦照偷运米谷之例科断。惟罚则极为简单。六十年增订罚则如下：

> 凡奸徒将米谷豆麦杂粮偷运外洋，接济奸匪者，拟绞立决。如止图渔利，并无接济奸匪情事者，米过一百石，发近边充军。一百石以下，杖一百，徒三年。不及十石者，枷号一月，杖一百。为从及知情不首之船户，各减一等。谷及豆麦杂粮，每二石折米一石科断。所有奸徒偷运米石及船只货物，俱给拿获之员弁充赏。失察之泛口文武各官，照例议处。如有受贿故纵者，即行参革，以枉法计赃治罪。倘有不肖官

员，于奉委之后，并不亲身出口，及妄拿商船额带食米讹诈者，一体严参。其有得赃者，照恐吓取财律治罪。

至该管文武官员失察处分，为偷运米一百石以上谷二百石以上，降一级留任。米一百石以下谷二百石以下，罚俸一年。米不及十石谷不及二十石，罚俸六个月。

国际贸易随海禁松弛而发展，先后与欧美各国，遂有商约之订定。咸丰八年之中英、中美、中法，十一年之中德，同治二年之中丹、中和，四年之中比，五年之中义，八年之中奥各通商条约，均载明"凡米谷等粮不拘内外土产不分何处进口者皆不准运往外国"字样，惟中英所订条款，独准其照铜钱运往别口一律办理，依照税则纳税。所谓照铜钱运往别口例者，即为："由该商赴关，报明数目若干，运往何口。或令本商及同商工人联名具呈保单。抑或听监督饬会另交结实信据，方准给照。别口监督于执照上注明收到字据，加盖印信。从给照之日起，限六个月缴回验销。过期不缴者，即按照原本数罚缴入官。"是米谷等粮虽禁止出口，但已许转口，商贩当有利可图也。辛丑和议，以关税抵偿款，重修税则，续订商约。英使马凯仍要求米粮转运出洋。两江总督刘坤一力争不可，电张之洞赔曰：

五谷出洋，众情不愿，难行。然彼口运此口，准行已久。所谓方便之门已启，而洋人必欲要求，若止准价贵之米麦芝麻出口，不准粗杂粮出口，且重征其税，并设法限制米行其售与洋人者,每石定价若干,减价有罚。荒歉之年,仍行禁止。则工商食贵米,而农民获厚利,亦是劝农务本之意。若为兵事计,则不无妨碍。盖此口述彼口之例,闽、粤、津、辽皆包其中,港溪无从究治。开端已错,影响难免。今欲求方便,其意何居?

迄于光绪二十八年,中英续订通行船条约,对于米谷贩运又多一便利,但公然出口运往外洋,则始终受条文之严格限制。其文曰:

咸丰八年,商定条约通商章程第五款内载,凡米谷等粮,英商欲运往中国通商别口,则照铜钱一律办理。出口时照依税则纳税等因。兹彼此应允,若在某处,无论因何事故,如有饥荒之虑,中国若先于二十一日前出示禁止谷米等粮由该处出口,各商自当遵办。倘船只为专租载运谷米而来,若在奉禁期前,或甫届禁期到埠,尚未装完已买定之谷者,仍可准于禁期七日内一律装完出口,惟米谷禁期之内,应于示内声明,漕米军米,不再禁列。如装运出口者,须先载明数目若干。但此项米谷虽在不禁之列,而应于海关册簿,逐日登记进出若干。除此之外,其余他项米粮,一概不准转运出口。其禁止米谷,以及禁内应运之漕米军米数目,并限满弛禁各告示,均须由各该省巡抚自行出示。倘于既禁之后,准无论何项米谷载运出口,则应视该禁已废弛。若欲再行禁止,则须另行出示之后，以四十二日为限，方可照办。至米谷等粮，仍不准运往外国。

此外如光绪十二年所订之中法越南通商条约，光绪二十年中英续订之滇缅条约，均载明米粮不准贩运出口，只准免税进口之条文，足见清代对于粮食运出之禁止，十分重视，惜只从维持民食着想，而开放门户，不策海防之安全耳。

奖励洋米输入 我国闽粤诸省，面海环山，人口庶而田产不足，食粮不能自给，故唯有仰给于洋米。远在宋真宗时，即遣使往福建取占城稻三万斛（占城即今安南之广南等地），足证安南之米，是时已流入福建。康熙六十一年，清圣祖闻暹逻米饶价贱，二三钱银，即可买稻谷一石。遂嘱来贡使臣运米三十万石至广东、福建、宁波等地贩卖，免其纳税。雍正二年，准其压船随带货物，亦免纳税。六年，暹逻米运厦门发卖，地方官欲征税，经部议，米谷进口不必上税，著为例。沿海各地米谷进口，遂不复征税。即其附带船货，自乾隆八年起，分别酌免税银。凡带米一石以上者，免其船货税银十分之零点五，五千石以上者免十分之三。所以奖励运米进口，接济民食。如丰岁民间不需米谷，则由官收买洋米，以充常平义社诸仓之本，或发兵饷之用，务使洋米入境有粜卖之困难，致米商裹足。当时以暹逻商贩运米入境，缓急难恃，不能适合于实际之需要。官为采购，又虑洋商闻风居奇。故只有奖励商民自备资本，前往采购，直接贸易，可免操纵。暹逻木料价贱，华商往往至该处造船驶回，由地方官给予牌照，验放无阻，惟不载米而载货返国者，倍纳船税。乾隆二十一年，议定广东福建商民采运洋米议叙之例。凡广东生监商民，有自备资本，领照前赴安南等国运米回省，粜济民食者，地方官查明，数在 2 000 石以内，酌量奖励。数在 2 000 石以上者，确查取结，奏请分别议叙。其间运米 2 000 石以上至 4 000 石者，生监给予吏目职衔，民人给予九品顶戴；4 000 石以上至 6 000 石者，生监给予主簿职衔，民人给予八品顶戴；6 000 石以上至 10 000 石者，生监给予县丞职衔，民人给予七品顶戴；凡福建省生监前赴暹逻等国运米回至漳州、泉州二府粜济民食者，令地方官查明，数在 1 500 石以上至 2 000 石者，生监给予吏目职衔，民人给予九品顶戴；3 000 石以上至 4 000 石者，生监给予主簿职衔，民人给予八品顶戴；4 000 石以上至 6 000 石者，生监给予县亟职衔，人民给予七品顶戴；至 10 000 石者，生监给予判职衔，民人赏给把总职衔。

总之，清代对于粮食进口，极尽奖励之能事，故当太平天国军占领长江流域时，南漕中阻，北方民食顿觉恐慌，乃令两广总督叶名琛，向洋米来源丰旺之地，筹拨巨款购米 10 万石，运储于津仓。

免除粮食进口关税，可谓为特惠之条文，原可以随时变通处理。境内歉收，米价昂贵之际，自应奖励粮食进口，不征税收。但值谷贱伤农之时，不得不对于洋米进口略加限制，以维持本国之元气。我国与国际间所订商约，皆不能自主，故虽丰收年成，亦不能禁止或限制洋米入口。计自同治九年迄宣统三年，此 43 年中，据海关报告之记载，进口洋米共达 161 500 160 石，其间每年进口超过 1 000 万石者，为光绪二十一年及三十三年，超过 900 万石者有四年，最少之额亦年为6 000余石。大抵皆随境内丰歉而增减，例如宣统元年洋米进口仅3 797 705石，而前一年为6 750 732石，后一年又为9 405 954石。其所以宣统元年独减少者，据海关贸易册载，是年广东丰收之故云。

粮税征免与粮食流通 清代粮税征收标准，极不一致。有签量计石征税者，有单征船料税者。税率亦各随地而异，米一石，征税二分至四分，漫无限制。乾隆二年，始拟划一各省米谷税例，诏云：

> 龙江、西新、赣州、杀虎口、张家口、闽海、江海、太平、南新、庙湾、成都等处，向来并不征收谷米之税。崇文门、打箭炉与扬州之滕坝，均收酒米之税，其余麦豆杂粮，概不征收。均应照旧例，毋庸置议。至九江、粤海、芜湖、凤阳、清江厂、北新、天津、浙海等关及广西之桂林、平乐、梧州、浔州、富州、怀集等府县，皆称征收船料。扬州、淮安、宿迁、浒墅、夔关等处，皆称签量计石，按例征税，均未便遽行更张。但米谷为民食所资，与百货不同。若不分别丰歉，概行征收，恐歉岁省分，致增米价，有损民食。嗣后旧征米税船料各关，除丰登之年，遵照旧例征税外，倘地方偶遇旱涝，其附近省分各关口，应予宽免，并划一征收办法，由户部具奏施行。

歉岁免税，已于翌年见诸实行，但税率划一，终以格于旧习而未果。其免税米船，以实系运往歉收地方者于限，由官给议照。至歉收地方关口查验，填明到关年月，钤印发票，令其回关查照。如回船载有他货，止征货税，不征船料，所以奖其运米往灾荒区域也。若领照运米往歉收地方，而中途卸卖者，查出照漏税例处罚。乾隆七年，以米豆为民食所需，尽免其税，而仅征船料。其从来不征船料各关口，不得因免税而转增征船料。谕云：

米豆各项，向因商人贩贱鬻贵，是以照例征税。第思小民朝夕饔餐，惟谷是赖，非其他货物可比。关口征纳米税，虽每石所收无几，商人藉口额课，势必高抬价值。是取之商者，仍出之民。后遇地方歉收，商贩米船概给票放行，免其上课，皆为民食计也。但系间□举行，未能普及。夫以养民之物例而榷之税，转以病民，非朕己饥己溺之怀。今特将直省各关口所有经过米豆应输额税，悉行宽免，永著为例。俾米谷流通，民食充裕。懋迁有无者，不得藉以居奇，小民升斗之给，不致有食贵之虞。

未几，又免麦石之税。乃自施行之后，各关额征银税，骤形短少，皆藉口以免豆米之税为原因，致亏正额。又米谷之价，并不因免税而低落，或甚有数省较前略昂。浒墅关监督图拉，奏请复征米税，其言曰：

自乾隆七年免征粮税以来，奸商大贾，惟知图利，不顾民难。近年各省米豆价并未稍减，甚且有比旧加昂。徒使奸商饱橐，市侩居奇。穷黎未沾实惠，诚属无益。现当军需浩繁，宜酌复征税。

户部亦奏请恢复征收直省各关米豆税银。高宗从其请，复下诏自圆其说曰：

本以食为民天，关税优免，则市价可减，是以不惜千万正课，为小民谋饔餐宽裕计。当时内外臣工，屡有以但利商贾无益民生为言者，概未允准。朕意欲试行数年，果否有裨益于民食，再行酌量。乃数年来，税免而米豆之价不惟不减，而昂贵时或有加。明系奸商不知免税之恩，专利自封。转以有限之帑项，肥三倍之囊橐。无裨闾阎，允宜复原额。且地方偶有偏灾，即将该处关口应征米豆税额，加恩宽免。则估船闻风云集，市价自平。驵侩不得居奇，穷黎均沾实惠。转得操权自上，朕意不专为军需起见也。

米谷之税，经复征后，只有运入灾区者，经核准可以免税放行。乾隆二十三年，议准即商贩运往灾区之米，亦须征税。盖以为免税之举，于被灾地方并无裨益。且米商之纳税，系属循例征收，并非额外增益，故仍应照旧征税。

民食之互相调节，属于政府粮政之措施，清代亦颇重视。如以奉天之粮，协济直鲁，湖广、江西之米，接济江浙。以湘米济桂转粤，台湾之米济闽转浙，皆本以有余补不足之旨。关于买补常平及义社诸仓谷者，前节曾详述之，但仍有地方官吏，藉口维护本地民食，禁止乡邑采买，殊有失粮食流通之本义。雍正乾隆之际，屡申遏籴之禁，兹录乾隆七年之诏曰：

天时有雨旸，地土有高下，而年岁之丰歉因之。以天下之大，疆域之殊，歉于此者，或丰于彼。全赖有无相通，缓急共济。在朝庭之采买拨协，固自有变通之权宜。断无有于米谷短少之处，而强人以粜卖者。若有歉收之地，商贾辐辏，聚集既多，价值自减，则穷黎易于得食。此邻境之相周，与国家赈恤之典，相济为用者也。地方官吏或有识见未广，偏私未化者，未免以米粮出境稍多，价值渐贵。虽不敢显行遏籴，靡不隐图自便，群相禁约。有司又从而偏袒之，遂视邻省为秦越矣。用是再颁谕旨，着各行劝导所属官民，毋执畛域之见，务敦拯恤之情。俾商贩流通，裒多益寡，以救一时之困厄。将来本地或值歉收，又何尝不于邻省是赖。……

三十年，定官吏遏籴之惩戒办法如下：

凡邻省歉收告籴，本地方官禁止米粮出境者，该督抚据实题参。将州县官降一级留任。不揭报之该管上司，罚俸一年，不题参之督抚，罚俸六月。倘本省歉收，米粮不敷民食，而奸民射利之徒，私行贩运出境者，由该督抚酌量情形，据实题明后,许其暂行停止。

故乾隆四十一年,四川请禁杂粮贩往湖北,四十三年,湖北请截留川米以济用,均遭户部严加驳斥,而粮食之流通,始收以有余补不足之效。

第九章　民国粮政

赋制之因革　民国初建，田制未变而赋制略更，清代之所谓民赋、卫赋、课租、驿站、漕项、仓项、耗羡、平余、屯折等繁复税目，迄于民初则按其性质而合并。名为整理，实则合零为整，未尝减轻人民负担也。关于改革方面者约有二端，一为设立经界局谋澈底清丈全国土地，一为田赋改用银元以昭划一。初以蔡松坡为经界局督办，派员分赴各国实地考察土地整理之具体办法，以京兆为试办区域，设立分局，旋又设涿州良乡两地分局，因时局变化而中止。九年，复设全国经界局，不数月，又告裁撤，整理土地之议，虽高唱入云，终无执行之健全机构，仅于江苏之宝山、昆山及通州诸地，略具清丈端倪，所谓清丈全国土地之说，本为当时施政之目标，惜以内战发生，不果实行耳。至田赋改折用银元，实为进步之表示。盖地丁银，本以两、钱、分、厘计算；漕粮以石、斗、升、合计算。名为征收银漕，实则折收钱文或银元。于是百弊丛生：就地丁而言，折合银钱，省与省，县与县，折合之率各有差异。而征收之官吏，勾结为奸，勒价贴平，折零为整。转辗增加，为害非浅。

就漕粮言之，有征本色者，有改折银钱者，粮价既各随地而高低不同，粮色亦各随地丰歉而互异，故勒扣挑剔，数已增加，而加收斛面、席垫，索取兑费、运规，较诸正税，繁苛之至。民国三年，财政部令各省完纳钱粮，概以银元计算，在币制法未颁行以前，折合办法，由部酌定施行。自是以后，各省征收多以银元折算，而田赋收入，得有增加。各省丁粮改征银元数于下：

省　名	地丁每两折合数	漕米每石折合数
山　东	2.2 元	6.0 元
河　南	2.2 元	5.0 元
江　苏	1.8 元	5.0 元
福　建	2.2 元	4.3 元
浙　江	2.5 元	5.0 元
四　川	1.6 元	

初，政府对于田赋之弊，未尝不欲切实整顿，以图充实财政基础，但以政治关系，统一办法，始终不克实行。且参议院决定予地方以带征附加之权，故赋制更乱而不可收拾。民国三年十一月，濮阳黄河决口，山东、直隶均自行加征附税，以治河工。四年，因国家预算不敷，有援山东、直隶增加附税例之令，共增加银 7 883 670 元，以补不足。四年以后，旧附税加并入正税，而新附税日益增加，农民之负担日重，当时舆论哗然，均认为非加限制不可，故财政当局乃宣布附加税，不得超过正税 30% 之规定。所谓正税者，乃由各省代征转解国库，附税者，即为各省自定税额自征自用之税，非法之取，日益加多。八年以后，中央政府纠

纷更甚，法纪荡然，各省正税，多不解国库，而用以充省县之行政经费。

附加税之疲弊 自民国元年十二月二十六日，袁世凯咨行参议院厘定国家税及地方税法以后，地方政府始有权征收附加税，虽规定田赋附加，不得超过30%，营业附加不得超20%，所得附加不得超过15%，但实际极为宽泛，致启地方官吏横征暴敛巧立名目之门。迄于民国十六年，财政部颁布限制田赋附加税办法，则规定“田赋正税附加之总额，不得超过现时地价百分之一；其已经超过此数之各县，不得再增，并须陆续设法核减，适合地价百分之一限度”。“田赋附捐之总额，不得超过旧有正税之数，其已经超过正税之各县，不得再增，并须陆续设法核减，至多与正税同数为止。”及“在实行清丈报价以前，地价百分数，暂以各县现时地价为标准”。从上述之限制条文中研究，则附加税之数，不仅为正税30%，而可以与正税数相等，是限制条例更宽，故十六年以后，附加较前更滥。往往有附加税超过正税30倍者，至其附加种类之名称，即江苏一省，已达147种之多，总计全国则达673种，困民苛政，莫甚于此。

民国二十三年，举行全国财政会议第二次大会，即以减轻附加为主要议程，计实施以来，裁减之附加，共300余种，款额达38 742 495元。废除之苛杂共7 101种，款额达67 691 435元。此皆为减轻之农民负担之先决条件，盖欲实现合理之粮政，必首谋改善赋税，安定其生活也。我国人民生产能力非常薄弱，兼之分利者多，生利者少，纳税限度原极低微。而地方政府课税，巧立名目，只图财政上收入与征收之便利，故不计及人民之负担能力，实为违反租税原则。自全国实行统一以后，当局力谋国民经济之发展，对于苛捐杂税之废除，税制之改进，农村经济基础之树立，莫不重视大众之福利。第二次全国财政会议之另一重大收获，即为呈奉国府颁布嗣后不准再增田赋附加，并永远不再立不合税捐之明令，以示与民更始之决心。

国父遗教与粮政　国父手订之粮食政策，为民生主义经济政策之一，主张全国食粮，实行彻底之管理与统制。其要义，曾于地方自治实行法内规定曰：

> 地方自治草创之始，当先施行选举权，由人民选举职员以组织立法机关并执行机关，执行机关之下，当设立多少专局。随地方所宜定之，初以简便为主，而其首要在粮食管理局。量地方之人口，储备至少足供一年之粮食。地方之农产，必先供足地方之食，然后乃准售之外地。故粮食一类，当由地方公局买卖，对于人民需要之食物，规定最廉之价，使自耕自食者之外，余人得按口购粮，不得转卖图利。地方余粮，则由公局转运，售卖于外，其溢利归诸地方公有，以兴办公益。

至其具体政策之实施，遗教中虽未作有系统之指示，但寻绎探索民生主义、心理建设、物质建设、钱币革命及地方自治实行法诸篇中关于粮食问题之理论，可得下述汇集融会之纲要：

（一）管理机构　中央设立粮食管理机关，以科学方法管理全国粮食。各地方分设粮食管理机关，办理各地粮食生产、消费、分配、运输、仓储诸事。

（二）管理原则　与土地政策及节制资本相辅而行，测量土地，制定法律，解放农民，保障其权利，鼓励生产，逐渐打破资本主义，达到耕者有其田之目的。

（三）管理方法　1. 生产及制造——移民殖边，扩大耕地面积，改良农业技术，开发水利，预防灾害，严密调查统计各地之生产数量。各地磨米磨麦机房皆由中央管理。2. 消费及分配——精确统计人口，计算各户消费量，作合理之分配，以达计口授粮。调查各地丰歉及存粮盈虚，随时予以调节，使家给人足，各取所需，无向隅者。节制粮食之消耗，限制酿酒制糖等项所用粮食之数量。分配粮食由中央机关管理，各地粮食，均由公局买卖，永定最廉价格，使自耕自食者之外，余人按口购粮，不准转卖图利。3. 运输及贩卖——粮食之运输及出卖，均由政府办理，若输出国外时，由中央经理部之输出部经营之。运输时当尽量利用水道及铁路公路，沿河设特别船。国内各地均设谷类运转器，以求便利。地方余粮由公局转售于外，其溢利归诸地方公有，售于外国所得之资金，用以偿还外债之本息。4. 仓储及保存——各地储粮以足支三年之食为准，至少须备一年之粮。仿古义仓制度，制定仓库法。并与货币政策相辅而行，建设各级仓库。改良仓储存粮方法，使达量多而质不坏目的。全国粮食之储存，均由中央管理，以便调节国内食粮之供需。

综上述，从遗教中归纳之纲要而论，可知国父对于粮政之重视。至平均地权节制资本与管理粮食之理论，均有极密切之联系，兹于本节详述之。实行民生主义，乃我国经济建设之最高准则，而平均地权与节制资本两大原则，几包括民生主义之重要理论，其粮食管理之原则，即为与平均地权互为表里；又与节制资本，互相为用，试伸述其义。

粮食实行管理以后，对于各地产量及储藏，有精确之调查统计，对于丰歉供需，有适当之调剂分配，轻重之权，操诸中枢。则大地主产储粮食虽多，不得私售；贫民所缺粮食，亦可由政府接济，不复至于饥馑。故富有者虽阡陌相连，不足以豪夺贫民，社会问题，不致发生。况实行粮食管理之初步工作，必须对于人口土地有调查统计之数字，实有助于平均地权之基本工作。至平准粮食价格，统制运输，则全国粮食市场，为政府所管制，奸商大贾，不能以私人资本从中操纵垄断，此又因管理粮食而收节制私人资本之效果。目前私人资本之运用，固不限于粮食一途，自不能奏节制资本之全功，然因粮食管理而使私人资金运用之范围日趋狭小，其互相为用之功，亦可收效于万一。

农业政策与粮政　我国农民占全国人口之大多数，在政治上社会上经济上均占极重要之地位，故中国国民党领导国民革命以来，首先即以解除农民痛苦，及增进农民利益为职志，使农民谋政治社会经济上之平等。历次全国代表大会及中央全体会议，对于农政及农业之建设，均有重要之决议，兹依次择要分述如下：

（一）第一次全国代表大会关于农民之政纲——“1. 严定田赋地税之法定额，禁止一切额外征收，如厘金等类，当一律废绝之。2. 清查户口，整理耕地，调整粮食之产销，以谋民食之均足。3. 改良农村组织，增进农人生活。4. 由国家规定土地法、土地使用法、土地征收法、地价税法、私人所有土地，由地主估价呈报政府，国家就价征税，并于必要时得依报价收买之。”——十三年一月

（二）第一次全国代表大会宣言关于农民问题之主张——“有当为农民告者，中国以农立国，而全国各阶级受痛苦以农民为尤甚。国民党之主张，则以为农民之缺乏田地，沦为佃户者，国家当给以土地，资其耕作，并为之整顿水利，移殖荒缴，以均地方；农民之缺乏资本至于高利贷以负债终身者，国家为之筹设调剂机关，如农民银行等，供其匮乏。然后农民得享人生应有之乐。”——十三年一月

（三）第二次全国代表大会对于农民运动之决议案略称——“中国当在农业经济时代，农民生产占全生产百分之九十，其人数占全人口百分之八十以上，故中国之国民革命，质言之即是农民革命，吾党为巩固国民革命之基础，惟有首先解放农民；无论政治的或经济的运动，均应以农民运动为基础。党之政策，首须着眼于农民本身之利益；政府之行动，亦须根据于农民利益而谋其解放，因农民苟得解放，即国民

革命大部分之完成，而为吾党三民主义实现之根据。……基于上述理由，大会对于农民运动，应分为政治的、经济的、教育的三方面决议：1. 政治的。引导农民，使成为有组织之民众，以参加国民革命，排除妨碍农民利益之军阀、买办阶级、贪官污吏、劣绅土豪等。明定农民以自力防御侵害之原则。制定农民保护法，实行公用度量衡。2. 经济的。严禁对于农民之高利贷。规定最高租额及最低谷价。减少雇农作工时间，增加雇农工资。取消苛税杂捐及额外征收，制止预征钱粮及取消无地钱粮。废止包农制，从速设立农民银行，提倡农民合作事业。从速整理耕地，整顿水利及改良农业。清理官荒，分配于失业贫民。取缔奸商垄断物价。注意农民救济事业。3. 教育的。厉行农村义务教育及补习教育。利用地方公款，兴办各种农业补习学校。尽力宣传，使农民自动的筹办各种学校。”——十五年一月

（四）中央及各省区联席会议关于农民之决议——“减轻佃农田租百分之二十五。统一土地税则，废除苛例。遇饥荒时免付田租并禁止先期收租。设省县农民银行，以年利百分之五借款与农民。禁止重利盘剥，最高利率不得超过百分之二十。不得预征钱粮。禁止租契及抵押之不平等条件。禁止包佃制。保障农民协会之权力。”——十五年十月

（五）中央民众训练委员会关于农民运动之纲领——“组织农村各种合作社，并维护现存的社仓义仓等公产，以减轻农民经济上之痛苦。健全农会的组织，使成为领导农民参

与政治的机关。制定土地法、土地使用法、土地征收法、地价税法及佃农贫农保护法，以求农民生活之改良。整理耕地，调整粮食之产销，以谋民食之均足。农民缴纳租项，至多不得过既耕地收获量百分之四十。”——十七年

（六）第三届中央执行委员会第二次全体会议关于农业政策之决议——“1. 确立农业政策为发展工商业之基础案。奖励农业，发展林业，兴办水利，提倡农村合作，改良农民生活，以确立农业政策为发展工商业之基础，其一切计划规程，限于十八年年底由行政院负责制定。2. 二五减租案。限于十八年年底将各省田租额数、农人生活概况、生产概况调查完竣，为实施二五减租之基础，调查事宜，由内政部负责办理，并由各省党部督促进行。”——十八年六月

（七）临时全国代表大会宣言及决议案中对于农村经济建设之主张——“以全力发展农村经济，奖励合作，调节粮食，并开垦荒地，疏通水利。”抗战建国纲领第十八条：1. 农民生活应使安定。农民为直接生产者，必先使生活安定，庶可提高其生产之效率，是以各地农村之秩序，必须尽力维持，且为培养农村毋害农事起见，各地方办理征兵征工，均当力避苛扰，使安耕植，要以前方作战与后方生产相辅并进不相妨害为主旨。至厉行保甲、肃清盗匪、严禁骚扰、灌输战时常识等各项工作，尤须尽力以赴。2. 有用作物之生产应使增加。目前对于增进农产之主要方法计分三类：（1）禁止有害作物之种植，限制不急需作物之过分生产，以期有益作物数

量之增加。(2) 劝导农民努力推广米麦杂粮,并就急需提倡植棉之省份,加种棉花。使军民衣食皆有所取给。(3) 特种产物如桐油茶叶蚕丝等,亦应积极提倡。3. 大宗农产品应设法积储调剂。农业生产之数量与各地需要之数量,往往因天时地利关系,并不相侔。故产量特多之区域,应选定地点,设立仓库,妥为积储,更设法调剂,以羡余补不足。4. 农村经济应使活动。农民向感资金缺乏,发展为难,而生产效能,不免受其影响。政府对于农村金融之需要,极为重视,救济方法,重在健全农村合作之组织,以利农产品之生产抵押及保证,并在农业中心区域,多设合作金库,举办农业生产贷款,运用政府所拨资金,积极进行。5. 土地分配应逐步改进。农村土地问题之根本解决,当依照本党平均地权政策,使耕者有田,劳者得食。

战时粮食管理之原则 平时粮食管理之任务在使供求平衡,与保证民食之调剂,故应注意粮食之运销管理与价格统制。战时管理之任务则与平时略有不同,除供民食以外,并应确保军事之需要,必以强制力量,统制粮食之分配与消费。兹将其管理原则分述如下:

增加生产——增加粮食生产,不特为补充战时粮食不足之基本方法,抑且平时维持粮食自给之唯一途径。稽诸近代各国之粮政,莫不以日新月异之增产方法相竞争。兹就我国应付实施之重要各点,略述如下:(一) 提倡精耕。目前我国农村衰落,农民缺乏资金，不能实行精耕，□耕地之出产量，极为有限，所有地力，亦不能充分利用。今后增产之着重点，应由农业金融机关，多设合作金库，融通资金于农民，使其从事精耕则收获产量必能增加。（二）改良技术。此与精耕略有关系，但应更进一步而采用科学方法。盖我国农民，富于保守性，耕种方法，墨守旧章，殊少改进。故今后增产之第二方法应选择种籽，改良肥料，防止害虫，以达到改善生产技术之目的。（三）开垦荒地。我国荒地以西南西北各省最多，值人民流离无所安居之际，应大量拨款垦荒，使难民从事耕种。至垦荒之方法，鉴于已往个别移垦失败之前例，莫善于采用集团农场制。先组织开垦集团，共同开垦；继则集团耕种，进行易而收效宏。

统制运销——在平时之粮食运销，悉任商人自由贸易，故可操垄断居奇之利。各地方政治区域之间，亦往往各自为政，限制或禁止粮食外销，荒歉之处，野有饿殍；丰收之区，有谷贱伤农之叹。故战时情况，决不容有此项情事发生，全国粮食必须由中央统筹支配，始能调节之效。其重要步骤不外出于下列各点：（一）统筹后方粮食之供需。在国家对外作战时，省与省之间资与粮食，皆应受支配于中央政府，以此之有，易彼所无，互为调节，如此则此处无屯积陈腐烂朽之虞，他处亦无嗷嗷待哺之虑。（二）统制粮食价格。平时粮食价格受商人之操纵，生产与消费者，均受其剥夺。苟战时粮价事先不加以统制，则商人唯利是图，上涨极速。贫民生计，固大受影响，而于安定后方人心，关系尤为密切。为避免此项现象发生，政府应依据粮食生产之成本与运费等项,酌定合理之价格,令由商人照价发售。

节制消费——管理战时粮食之另一有效方法,厥为节制消费。如能依合理之节制,则减少之消费质量,即为粮食增加之质量。例如酿酒、家畜饲料及其他用途,需用粮食者甚多,若不予以节制,势必影响战时之民食与军糈。其节约之方法,不外出于下列二种:(一)强制节约。战时粮食之分配,当由政府统筹管理,则每人每日所需定量之食粮,皆由政府分配,其消费需用之粮食,政府有强制节约之推力,因舍政府定量分配以外,人民亦无法取得食粮,此所谓强制节约也。(二)自动节约。由政府颁发节约办法,力劝国民自动节约粮食之消费,不由政府强制执行,此全赖国民有自觉之精神,丝毫不加以压力者也。

整理田赋之理论 我国田赋,向属中央。数千年来,皆系由地方州县依法征收,缴解府库。国民政府成立以后,因实施地方建设及地方自治,乃于十七年颁布划分国家收入暂行标准,明定以田赋改归地方,而中央只负督导之责,从此论理及事实各方面言之,田赋拨为地方收入,皆无不当。然我国田赋因其历史攸久,积弊最深,当时划归地方,原以为职权分散,易于分途整理,早期改善,而十余年来,成绩欠佳,虽有一部分地方当局实施土地陈报与土地测量,作初步之整理,然究属少数。长此因循,不独政府之税收,无从增加,即人民之负担,不平均,且将永远无达到实现国父平均地权之希望。目前建国工作正积极进行,首应完成土地制度之国策;一方面侧应粮食政策之迫切需要;一方面又可整顿税收,增加国家岁入之总额。故三十年八中全会曾决议田赋暂行收归中央接管，并酌为改征实物，此实为划时代之改制，诚有重大之意义。兹就整理田赋之目的与原则，述其重要理论如下：

整理之目的——整理田赋之目的，一般人之观察，多以为系在增加国库收入及平均人民负担，但在实行三民主义之目的中，除节制私人资本以外，即为平均地权，照价征税，照价收买及溢价归公，极力限制地权之集中，以达耕者有其田之目的。自田赋划归地方以后，各省当局视为收入重要之源，凡有所需，即行加赋，（前节曾详言之）至附加苛重，民不聊生。且形成分割之局，故在政治上之统一，亦必先求财权之统一，然后可以集中整理。由此可得而言其目的：（一）经济政策之目的。实行国父之土地政策与粮食政策，非由整理田赋着手不为功。首先必完成土地之陈报与清丈，方能开办地价税及土地增值税，而臻于平均地权之境；必须田赋改征实物，始能粮食集中，政府得以操分配转运公卖之权。（二）财政收入之目的。总裁在第三次全国财政会议训词中，曾明白指示今后财政，应禀两大目标，一为平衡国家预算，一为平均人民负担，此皆为由整理田赋而方可实现者。盖清理旧欠，则收入增加，预算因之平衡；改定科则，则统率划一，而负担因之平均。（三）政治统一之目的。今者全国统一，实行地方自治，苟各省县之财权不操集于中央，则分歧必多，仍有各自为政之弊。故建立国家财政，健全中央财政机构，非由整理田赋集中于中央，不能达政治统一之目的。

整理之原则——我国田赋积弊颇深；就税制言，有地丁、漕粮、租课、差徭、垦务、杂征及附加等项；而各项之中，又有种种名目,如地丁有正款、附款、加耗、科余之目,漕粮有本色、折色、漕耗、漕项之繁。就税率言,虽名为三等九则,而实科则纷纭,歧异百出;有田同而税异者,有税同而田异者;有有田无税者,有有税无田者;有田多税少者,有田少税多者;有差异相距甚微者,有相距至数十倍者。就征税弊端而言,则全视征收员胥,自为升缩、飞洒、诡寄。政府虽迭加整理,仍无头绪。民国三年,曾明令统征银元,税制略具统一之基础。十七年,又决裁减附加,划一税率,始作进一步之整理,然距合理之标准尚远。盖以积弊太深,非枝节整理,所能奏效。兹就其重要原则分述于后:(一)与地政粮政相辅而行。前节所述整理田赋之目的,既与土地政策粮食政策之实施,关系至深,是整理程序中之陈报、测量、登记、评价诸作,皆直接间接与地价税土地增价税之实行有关。近年以来,各省之整理田赋机构,多自丈量着手,足征此二者有合作辅助之效。至管理粮食,必先谋粮食集中,而集中方法,舍征收实物以外,实无他策。故田赋整理,又为促进粮食政策实施之工具。粮政赖田赋以实施,田赋因粮政而改善,此又收与粮食政策合作辅助之效。(二)法与人并重。历来田赋之弊,由于税法不完者半,由于税人不臧者亦半。册籍散失,固足启舞弊之门,而法因人坏,胥吏之不得其人,亦易滋营私之弊。先贤所谓徒人不足以为治徒法不足以自行者,即为人法并重之义。往者徒严于法制之订立,而轻于人事之慎审,此所以官邪政败也。

整理田赋之实施 前节重于理论,本节则述及实施情形,兹将八中全会决议之各省田赋暂归中央接管统筹办理及第三次全

国财政会议关于整理田赋各案,摘要于次:

八中全会议决案——查我国田赋向为国家税,自民国十七年颁行中央地方收支划分标准,以田赋划归地方。各省遂视为收入之大宗,每有需用,大都增加田赋以供支应,遂致赋则纷歧,附加杂出,轻重失其平衡,人民病其烦扰。嗣后财政部为整理计,呈请核定土地陈报法,督导各省限期办竣,行之数年,略具成效。抗战事起,多归停顿。惟抗战建国,同时并进,为中央既定国策,上项陈报办法,自应赓续积极进行。且近来粮价高涨,土地之润利日增。军糈民食,则转受其影响,尤非整理田赋,无以裕国计而济民生。查抗战时财政利在统筹,中央地方原为一体,分之则力小而策进为难,合之则力厚而成效易举。故为调整国地收支,并平衡土地负担起见,亟应仍将各省田赋收归中央整顿征收,以适应抗战需要。其理由有如下列各端:(一)各地方田赋赋则不一,轻重不平,而囿于所处境地,未能大举革新,中央管理以后,可积极统筹,克期完成土地陈报,并办理地价税,俾赋则跻于公平,苛杂悉行废止。(二)中央整理田赋后,按地价征税,收入可较现在增加四倍以上,于抵补原定额征田赋外,并得斟酌各地财政情形,予以协济,使地方管教养卫诸政,切实推行。全国经济建设,亦因财政上之调剂盈虚,得平均遂其发展。(三)依建国大纲所定各县对于中央政府之负担,当以每县之岁收百分之若干,为中央岁费,是田赋收入,自不能专归地方。若由中央管理,则可统收统支,必可为合理之分配。(四)为调剂各地军粮民食起见,得由中央统筹斟酌各地供需情形,改征实物收储运济,俾产销得以平衡,粮价赖以稳定。(五) 田赋归中央统收统支,则中央与地方财政之联系,更臻密切。地方税制,得在中央督导下切实调整,所有互相抵触之税捐,自可一律取消。(六) 中央统一田赋管理,则征收事务与经费,易臻于合理化,经济化。其具体办法计分接管机关、征收程序与整理步骤三项。

接管机关　(一) 中央先设整理田赋筹备委员会,以筹划全国田赋之整理事宜,其委员由财政部遴员派充。(二) 全国田赋之征收整理事务,由中央设置全国田赋管理处,统筹管理。(三) 各省田赋移征事务,由中央设置各该省田赋管理处监督办理,其处长得以财政厅长兼任之。(四) 田赋稽征事务,由各该省田赋管理处督导各县县长及其他原有征收机关办理,并随时派员监查考核。

征收程序　(一) 各省田赋自中央管理后,所有查征之田赋收入,应解交中央指定之金融机关专户存储备用,其当地无金融机关,特准由查征机关保存者,应按期汇解附近指定金融机关。(二) 前项专户存储之田赋收入,由中央统筹支配。(三) 凡中央核定之省县预算内所列田赋收入,仍由中央如数拨付。(四) 各省县田赋整理后溢收入之款,得由中央视各省县实收数目、财政状况及经费需要,酌予拨补。(五) 中央为适应战时需要,得依各地生产交通状况,将田赋之一部分或全部征收实物,于每属开征前参照当地情形公告。所有收储、运拨、销售等事务,得委托当地粮食机关办理。(六)所有征收实物之分配,仍参照前列第二第三两项之规定办理。

整理步骤 (一)中央管理各省田赋后,应即加紧推行土地陈报办法,并同时举办地价陈报,编制地籍图册及地价税册,开征地价税。(二)土地陈报办理完竣地方,应即评定地价,改定课则,按章征税,原有附税一律取消。(三)中央管理前积欠田赋应分期补征。(四)凡以田赋收入担保之债务,已经中央核准者,由中央负责清理。(五)田赋归中央管理后,所有关于田赋之各项法令规章与本案抵触者,由财政部查明呈请修改。

第三次全国财政会议决议案——中央接管田赋之整理,旨在适应抗战建国之需要,为贯彻中央既定之财政经济政策,并为争取时效适应急需起见,自须于三十年度内将各省市田赋及土地陈报,一律接管。惟接管手续,至为繁剧,事前必须缜密筹划,确定步骤,方可顺利进行。至田赋征收及整理机构,过去殊觉分歧,组织亦有待充实。接管之后,势须斟酌需要,另行组设各级管理机构,庶事权得以划一,指挥易期灵便。再如整理田赋方面,过去各省自为谋办法,彼此殊异。兹拟趁此接管时期统筹规划:(一)加紧办理土地陈报,全国限期完成,以为整理地籍之基础,并为征收实物之根据。(二)改善征收制度并试行田赋税票办法,藉杜弊端。(三)厉行推收,俾地籍图册,永保其真,不致紊乱。(四)甄训现职人员,俾阵容一新,工作效率,得以增进。(五)调整土地负担,俾征粮征赋省县人民之负担,趋于平衡。其具体办法有四:一为接管田赋实施办法;一为促进土地陈报办法;一为改善征收制度;一为厉行推收办法。兹分述于下:

中央接管各省市田赋实施办法 (一)中央于三十年度内,成立各省市县田赋管理处,接管田赋及土地陈报。所有省市县管理处经常事业等费,概由中央负担。但省预算内原列土地陈报经常事业等费未用部分及田赋经征经费之一部,应划归中央,在中央补助款内转账。(二)已办土地陈报尚未完竣县份,暂保留其原组织。在各省收支未经划归中央统筹以前,其经常事业等费,仍由地方负担,以清界限。(三)自省市县管理处成立日起,所有省市县田赋收入,概归中央。其原列预算内田赋收入,除已征起者外,余由国库拨付。但本年度应征未征及历年田赋积欠数额,应由各该省财政厅或市财政局别分查明,列表专案呈报。(四)各省市民田及其他各种土地,如公学屯营卫等田,应由各该省财政厅局分别查明造册专案移交。

促进全国土地陈报办法 (一)拟自三十年七月份起至三十一年十二月份止,于一年半内,按六个月一期,分为三期,将全国待办土地陈报县份,约五百余县一律办竣。(二)编查地籍须按丘编号,按亩计积,并绘制丘形图,编造查报单。(三)造具户领丘册,即归户册,以为编造征册之根据。(四)改订科则标准,应遵照国父遗教,以按地价为唯一课税标准，以昭划一。（五）以三县为一组，分配业务人员并筹兼顾，缩短工作时间，则前需八个月办完者，今只需六个月。

改善征收制度 （一）经征机关内部组织，必须分为核算收款发票三部门，俾可互相牵制。（二）各乡镇适当地点，普设征收分柜，便利人民完纳，养成自封投柜习惯，藉杜胥吏中饱之弊。（三）废除差吏包催办法，利用保甲制度督促各镇乡保甲长负责就近催追，并订奖惩办法，按期考核。对于公务人员及大户应尽先追催，以示倡导。（四）增筹各县征收经费，核实编制预算，并确保按月照数拨发，以增征收效率。（五）收赋掣票办法，手续既繁，流弊复多。为彻底改进起见，自以采用田赋税票办法为宜。（六）旅居外县或外省业户投柜完纳，固有困难，即在未能普设分柜县区内之乡民赴埠完纳，亦觉不便，应准由住在地之银行代收代完。

厉行田赋推收办法 （一）在未设置地政局科，市县应于田赋管理机关内组设田赋推收专管部分，办理田赋推收及有关事宜。（二）乡镇公所须普设地籍员，由市县田赋管理机关会同市县政府派充之。（三）各乡镇办理推收经费，应列入市县预算内，不得收取任何用费。（四）遇有业户申请推收或其他有关事项，须实地考查，不得专凭书面漫然办理。旧有里书册书，尤须废除。

征收实物之理论根据 田赋改征实物之要义，首在适应战时物价之上涨，调整政府之收支，以冀避免增发货币，造成通货膨胀。此外政府并可控制一部分之农产，供应军粮，调剂民食，打系地主之囤积，与粮商之操纵，以达抑平粮价稳定物价水准之目的。理论健全，法亦至善。其主要之理论根据如下：

（一）平均人民负担　粮价高涨，土地之收益当随之增加。改征实物后则地主自耕农及负担所得税营业税者，对于政府平均负担。否则其他各业人员应纳之税率负担增加，而地主与自耕农，反因粮价高涨，实减轻其负担。

（二）固定战时税收　田赋征收之原折价，往往与时价相差极大，故政府之税收，不免因之蒙受损失。今改征实物，则不受物价上涨之影响，能固定战时税收，稳定地方财政。

（三）稳定物资价格　一般物价之高涨，皆以粮价为归依，盖任何职业界从业者不能脱离粮食之消费而生存，故工食成本增加，物价随之高涨。政府改征实物，则拥有巨额粮食，足以平衡粮价，进而稳定物价，防止奸商操纵。

（四）调剂粮食恐慌　政府既拥有巨额粮食，则盈虚调剂，应付自如，不仅军糈得以解决，即因灾乱而发生之粮食恐慌，亦可操通盘筹划之权于上。

乃有少数人狃于积习，力持反对征实之议，其理由不外上述各端：（一）人民缴纳实物，极感不便，路远者，必须于运输上发生困难，反累小民。（二）在实物质量上，品质之优劣，成色之高下，秤量之大小，弊窦势必百出，争执必多。（三）收缴手续，极为繁难，而运输储存，皆为困难之点。总其要义，则谓征收实物，昔已行之，因其有弊，乃改折色，今复征实，岂能逃避昔日征实所发生之缺点乎？殊不知一代政治之设施，有一代之时代背景；一代之弊，必有一代革除之对策。故今日征实之举，实为划时代之重要粮食政策，至其因征实而发现诸弊，将必随时予以补救，使今日之粮政趋于合理，所谓一代之弊，有一代革除之对策者也。

粮食库券之发行 粮食库券之发行，系根据八中全会之决议，其要旨在一面控制粮源，平抑粮价；一面收缩通货，安定金融。就理论言，唯以实物库券，募集粮食，始能避免收购方法刺激粮价膨胀通货之苦痛经验，兼收平均人民负担之效。就事实言，亦唯以粮食库券募集粮食，始能在免赋征粮之外，由政府控制足量之粮食，供应军糈，调剂民食，逐渐达到以量控价之目的。以四川一省为例，战时免赋征粮，预计仅能收获六百万市石至八百万市石，而综合目前军粮民食市场需要，政府至少需控制一千五百万市石，方能酌盈剂虚，供应无匮，此项粮食短缺数额，如仍以现金向市购买，非仅过去刺激粮价之影响，在所必有，且以全国需粮之巨，各地粮价之高，决非政府财力所能胜，筹码供给所可及，抑与政府集中购买稳定物价之本旨，相去益远。现今各省粮价相差甚大，人民纳税仍与战前比例相等，省与省之间，已失平允，而地主收入十百倍于战前。一般人民转呻吟于粮价高昂生活困苦之下，咨嗟叹息充满道路，尤非从量取盈，就土征赋，不能得事理之平。发行库券，既由国家保证到期偿付本息，并可抵缴田赋，在地主粮户，借粮还粮，不能谓有损失。在政府则就赋发券，事同募债，而适应目前情势，又实为酌剂缓急之必要举措。按发行粮食库券，在实施上在技术上，均较其他筹措粮食方法合理而有效，目前解决粮食问题之重心，在首先控制一部分粮食之数量，始能在较长期间稳定一般粮食价格。而税量之论，免赋征粮以外，现价收购与按价借粮，各有主张。此项主张，即置过货与财政之观点于不议，其施行亦多困难之处。盖无论其现价收购为定价为半价，亦无论按价借粮；所用之延期支付工具，为国家信用，为银行信用，既系以粮食价格为基础，即不能不连带发生折价问题。而一有折价，即包括地域时间平价等种种复杂条件，终致不易处理。就域言，各地粮价悬殊，折价一致，则远离现实；随地折价，则负担失均。就时间言，折价未定而价先高，则是助长粮价；折价平定而市价仍涨，转以招致粮户缓售之口实。就平价言，平价应以生产费为基础，而生产费实缺乏普遍之调查；若脱离生产费以平价，则有失之过高与过低之弊，其间殊难获得适当之标准。兹发行粮食库券，不复以粮食价格为基础，则因折价而发生之困难，均得举告廓清，其一般人民对于法币前途怀杞忧者，并以其属实物收付性质，亦可祛除一部分过虑。兹将发行原则及募集办法略述如后：

（一）发行名称　民国三十年粮食库券。

（二）发行用途　为供应军糈，调剂民食，特发行粮食库券，作为收购粮食支付代价之用。

（三）发行数量　由发行机关依三十年度需要量计划

发行。

（四）发行地点　全国普遍发行，为便利征募及偿付本息起见，于券面载明省区并加盖县名戳记。

（五）发行机关　由财政部粮食部会同发行。

（六）发行种类　分稻麦两种，并准以其他杂粮，按一定比例折合征募，其折合比例另定之。

（七）发行单位　分为五市斗、一市石、五市石、十市石、百市石五种。

（八）偿本付息　自民国三十二年起，分五年本息还清，利率按周息五厘计算，以实物付给，利随本减。

（九）发行担保　以免赋征粮征获之粮额担保，到期本息并准抵缴征粮及充公务上之保证。

其募集标准，系按查报收租或收获数量，尽先就大粮户累进摊募。以县为募集单位，分经征经收发券三种手续。由县长督同财政机构及区乡保甲人员，负责办理造具募集户额清册，分别核算，填制掣发募粮单及催征复核各项事务。再由县长督同粮食机构及区乡保人员，负责办理验收、储藏、运送、调拨各项事务。前项经征经收手续完毕后，由指定之当地金融机关或代理金融机关，负责办理掣发库券稽核征收事务。

自发行粮食库券以来，各地收购情形极为顺利，数量亦颇惊人，对于抗战期间之军糈民食，有极大之功效。政府为维持粮政方针起见，除逐步加强机构之运用外，继续发行三十一年度之粮食库券。其券面额以一市斗为单位，所以便利粮户也。

现阶段之粮食管理　中央为贯澈既定之粮政方针，于二十九年设立全国粮食管理局，统筹全国粮食之产销储运调节及供求，直隶属于行政院。各省亦设省粮食管理局，各县设粮食管理委员会。三十年设立粮食部，加强机构，代行全国粮食管理局之职权，各省市则设粮政局。其管理之原则，在质量方面，使粮食供给与需要，互相适应。就时间言，使有余粮，为不足时之准备，丰年为歉年之准备，平时为战时之准备。就空间言，使有余粮者为补不足地方之准备，丰收地方为歉收地方之准备，农村为都市之准备，后方为前方之准备。在价格方面，应限于某种伸缩范围以内，其低者以生产成本为准，高者应在合理利润之下，勿使初收或丰收时，过于跌落；歉收或青黄不接之时，过于高涨。勿使有余粮之地，过于跌落，不足之处，过于高涨。其意义在刺激生产者勇于生产，而不使囤积者争先存储。其管理之治本办法，系由各县粮食管理委员会，预计至翌年八月底止市场需要之一年最低粮额，向县中地亩较多之粮户及农户，分别约定出售，仍为各户保留足以自给之相当粮额。收租愈多者，应售出愈多，勿使富有者保留过多，贫乏者负担过重。各粮户及农户按期应行售出之粮，由各级机关为之配售于当地市民，及其他市场有组织之商人。民户按月购买粮食，其量不得超过一月以内之需要。过去已购粮额超过其需要者，则限期向该市场粮食管理机关陈报，在能自给期间，不得再向市场购买，违者查出予以没收。倘既经规定售出之粮食，有逾期不售者，均应以半价征购。其规避藏匿者，亦予没收，或按粮价科以罚金。各县粮户或囤户应出售之粮食，由各县及乡镇于每月初列榜公布，如有漏列，准由乡镇保甲长负责检举，及人民密报，一面由县派人密查，属实者皆依反抗粮食管理以扰害治安论罪，并依军法审判之。至其管理之治标方法，则侧重于征购之临时措置。如购买军米，应在规定限期集中一月以前，与人民了清一切手续。其军粮以外之米粮，应准人民自由出售，不得藉军粮为口实，封闭民仓，或限制米粮流动，影响民食，各县对于向有粮食输出地方，严禁以任何口实变相阻止米谷输出。省颁采购办法，在各地采购尚未完成以前，粮食管理委员会及所属乡镇公所，对于无证购买之商人，仍应积极助其登记，准其购运，只与运往之市场管理机关密取联络，免被朦蔽。不得藉管理名义，阻碍米运。各县所有公学谷，除以明令指定用途，保留必需之最低数量外，其余应陆续售卖。以上治本治标两项办法，皆系初步管理粮食之措施，其详细纲要，可分为管理粮食市场、严格实施情报制度、严格实施分配制度、组织粮商、安定粮价及力谋粮食之开源节流诸端，兹略述于后：

管理粮食市场——（一）登记粮食仓栈。非经登记准许给照之仓栈，不得经营粮食之寄储及储押业务。（二）登记粮食商号。非经登记准许给照之商号，不得经营粮食之运销业务。（三）登记粮食经纪。非经登记准许给照之经纪，不得为粮食买卖之居间人。（四）登记粮食市场行栈。非经登记准许给照之市场行栈，不得作粮食集中交易，或交割场所，与介绍或公正之行为。（五）登记粮食加工行业。非经登记之准许给照之碾坊，不得经营粮食加工行业。(六)登记运输工具。联络交通管理机关,登记转运粮食有关运输工具,于必要时,得协商调用之。

严格实施情报制度——(一)担任情报之机关。乡镇管理员或专管粮食干事,必须担任生产及市况情报。县市粮食管理委员会,必须担任县城市况情报,并汇转各乡镇之生产及市况情报。(二)担任情报之行业。粮食仓栈必须按期报告粮食之出进数量。粮食商号,必须按期报告购销及运转粮食之数量。粮食经纪及行栈,必须按期报告其经手交易及交割之粮食数量,粮食加工行业,必须按期报告其碾米数量。运输粮食者,必须于起运到达及经过必要地点,向粮食管理机关报告其运输数量。

严格实施分配制度——(一)调查供给粮食区域。切实就各保乡镇县,调查可以供粮食之来源,进而调查其供给量。包括生产区域之人口与粮食生产量、消耗量及剩余量;过去及现在粮食运销之市场及运销之数量;确定今后该生产区可以供给市场之数量。(二)调查粮食之消费区域。就各省市包括人口与粮食、县重要工矿区域及人口较多之城市,或特别歉收与特殊需要粮食地方,予以切实调查。在量的方面,之消费量;过去及现在各来源之供给量;确定今后各来源可以供给之数量。(三)确定粮食供需之分配办法。为供给粮食之区域联络消费区域,而适当调整其供需数量。其粮食能供给两消费市场以上之需要者,并为调整对于每一市场之供给数量。又为消费市场之需要,联络生产区域而适当调整其供需数量。其需要两生产区域以上供给粮食者,并为调整每区域供给粮食之数量。

组织粮商——（一）每一市场所有与粮食业务有关之商人（仓栈、商号、经纪、市场行栈、加工事业）均须各别及联合组织同业公会。（二）凡经登记之商人，均须加入同业公会。（三）有关粮食业务同业公会，应依照粮食管理机关拟订之管理粮食规章，确定同行应行遵守之公约。（四）有组织之粮商，依照粮食管理机关分配之数额，向供给地方采买粮食时，应先取领采购证，在采购地方起运时，应领取运输证。

安定粮价——（一）调查粮食生产及运输成本，调查过去及现在之粮价变化与各地粮价差异。（二）调查各当地生活必需品及其他农产品价格之变化。（三）各生产区域管理粮食机关，随时参酌前项各种调查材料，并咨询各有关人员之意见，订定当地适当之粮价，逐日悬牌公布之。（四）各运销市场管理粮食机关，依生产区域粮价为标准，加入运缴及合理利润，并询咨各有关人员之意见，订定当地之适宜价格公布之。（五）省粮食管理机关，在省内各重要市场，应有相当数量之粮食储备，如市场粮食供给不足时，为防粮价奇涨，得由省粜出之。如市场粮食供给过剩时，为防粮价奇跌，得由省籴入之。县境以内亦应实施同样办法。

粮食之开源节流——（一）属于开源方面者，为加深冬季蓄水田亩之蓄水量；实施冬季粮食作物增产计划；减少可以防碍粮食作物之耕地面积；改良稻种；奖励垦荒。（二）属于节流方面者，为限制粮食酿酒、熬糖及其他无益之粮食浪费消耗。

自政府决定田赋征收实物管制粮食以后，四川、广东、广西、湖北、湖南、贵州、福建、江西、浙江、江苏、安徽、河南、山东、山西、甘肃、云南、西康、绥远、宁夏、青海等21省，遵照实行。预定征收总额，为22 927 507 市石。截至本年四月止，实际征得总额，为22 444 678市石，及代金29 509 191元法币，及235万元晋币。沦陷区域，概系照旧征收法币，贵州、福建、广东、广西、河南、绥远、山西、山东、江苏、云南等11省之一部分田赋，余征收代金。政府虑及征收粮食不足以供战时军民之需要，故又决定于若干有余粮省份，定价征购粮食，收效极宏。田赋征收额，系以每元折合二市斗为标准，再依各省田赋率轻重，酌为增减。至征购方法，各省不尽一致。湖南、江西，系按亩征购；四川、甘肃、广西，系随赋征购；安徽、浙江，系按余粮额征购。虽各省实施结果，互有利弊，但在土地未整理赋籍未清以前，不得不因时因地而有措施之宜。惟征购价格，系由粮食部与各省政府分别洽商决定，至省内分区定价，则由省政府决定，但须通盘计算，以不超过粮食部与省政府商定之总价为度。各省粮价付给事务，系或由田赋管理处办理，或由委托银行代办，今后则将改为委托国家银行及地方省银行就征购办事处所在地代办为原则，盖以便利人民而杜弊端计也。

在初步实施征实时，经征事务，由田赋管理机关负责办理，经收征购事务，则由粮食机关办理，事权既不集中，导挥尤感不便，故自本年度起，将经收经购划归田赋管理机关办理，而粮食之储运、加工、配拨等事务，则归粮食机关办理，将收更良好之效果。